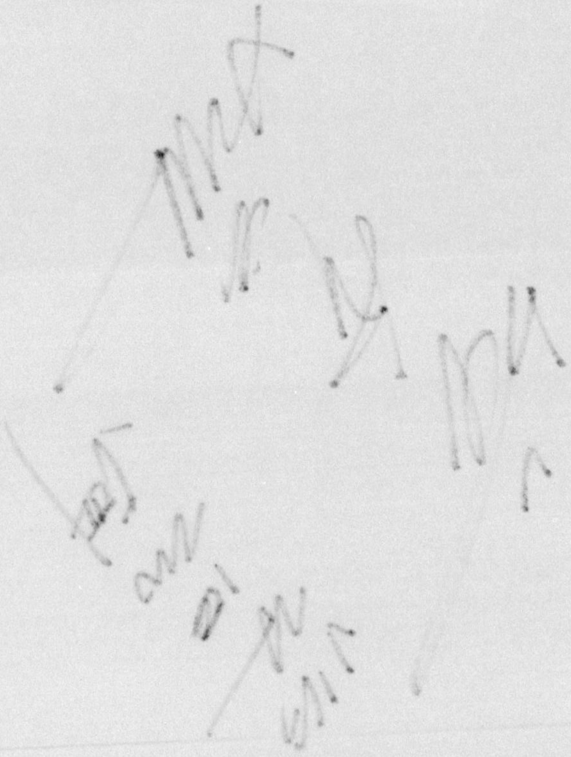

空心人

擁抱渴望被愛的靈魂

許皓宜——文
凌柏瑋——攝影・文

真心推薦

人心如迷宮般繁複，如大海般深沉。人心是通往幸福的關鍵，我們卻所知有限。所有朝向人心的探索工作必然是艱難的，有時，甚至是沉重的。這本書在寫作上的努力與即將和讀者分享的內容，是一份珍貴的禮物，也是通往希望的一把鑰匙。

——王師（牽猴子股份有限公司總經理）

試圖終止磨損，是以捨棄了心

曾在匿名論壇看到一個問題：「如何毀掉年輕人？」一則迴響甚廣的回答是：「給年輕人理想的承諾，再給他們貧瘠的現實。給他們願景，再讓他們目睹短視的人活得更快樂。」

此一問答乍看悚然，實則是對於年輕人自殺現象無計可施的叩問，正好與《空心人》呈現的景觀不謀而合。我們處於訊息和資源都無比豐盛的時代，為何夜深人靜，對鏡獨坐，竟感到巨大的空洞與匱乏？

許皓宜、凌柏瑋在書中完成了深刻不俗的探究。許皓宜將心理學專長與當代人際百景，恰如其分的交織，讀者浸潤時有共鳴，轉身時有洞見；凌柏瑋以私生活為基底，延伸了主題的餘韻，主題紛然的影像也讓讀者可以稍停片刻，重新斟酌個人觀點。

書中一句「痛不一定代表不想活，反而，是因為太想活所以心痛」。空心人都曾是傷心人，試圖終止磨損，是以捨棄了心。此書以「空心人」為名，兩位作者實際進行的卻是止損回填、十分「有心」的心靈重建工程。隨著書頁翻飛，我們或將察覺，因懷疑而流失的情感，隨著作者們真摯的邀請而一一重返。

——**吳曉樂**（作家）

每一個空心背後的幸與不幸

坦白說，閱讀這本書時，雖然自己只是個旁觀的讀者，卻一直感受到內心滿滿的悸動；很難不佩服皓宜老師在諮商專業上所累積的知識，以及好長時間以來，她是如此有見地的洞察、傾聽、詮釋、撫慰、關懷，以及陪伴「空心人」的過程。

「情緒」的起伏是非常複雜、強烈且具有穿透性的，經常引起相當程度的愉悅或焦慮，還會持續好一段時間，而「空心人」伴隨的通常是後者。與之相處絕不是一件容易的事，尤其在這個過程中該如何穩住自己的情緒。

列夫．托爾斯泰藉由《安娜．卡列尼娜》告訴我們：「幸福的家庭都是相似的，不幸的家庭各有各的不幸。」與之相對的，皓宜老師在書裡所分享的故事，以細膩與清晰的諮商溫度，將帶領你更真誠地看待與覺察每一個空心背後的幸與不幸，從中發掘如何接受不同價值觀的可貴。

——**洪瀞**（《自己的力學》作者、大學老師）

他的眼神，為何如此空洞？

皓宜與柏瑋這本書，用文字與影像，同時記錄著那些空洞靈魂的內心獨白。一直到現在，還有許多人以為，那些企圖自殺的人，是意志力薄弱、不夠樂觀、不知滿足、不願努力，或者是一時衝動；殊不知，在他們心中，那些想死的衝動，無時無刻不存在著，他們得耗費超乎你想像的力量，才能克制住自己。

對他們而言，活著，好累；但要結束生命，也好難！

過去，我在中學擔任輔導老師時，也常接觸有自殺危機的個案。我總會看見有些孩子，在高一時滿心期待地進入校園展開新生活，卻在課業壓力、人際挫敗、父母期許或各種比較壓力下，漸漸地，臉上失去了光彩，只剩下暗淡與陰沉的身影。

與他們談話時，感覺不到生命的溫度。他們對未來不抱期待，內心情感麻木，對所有的事情都是「無所謂」，如行屍走肉般過著一天又一天。

我好想問：「是什麼讓你的眼神如此空洞？」

「不知道……」對他們而言，探究這些，似乎也沒什麼意義吧！

我不知道，你是不是正好也擁有類似的生活樣貌？你可以透過閱讀這本書，從文字與影像中，獲得共鳴。讀著一則又一則的訪談故事，或許你會更明白自己的內心世界；瀏覽一張又一張充滿故事的照片，或許會讓你有所感動。

當擁有感受的能力時，我們才能真實地活著，才不會是「空心人」。

——**陳志恆**（諮商心理師）

當眼淚能夠好好流出來時

「嘿，柏嘉，你有沒有一種感覺，每次帶完活動，都有種黑暗籠罩著你。小的活動成功是小小黑暗，大的活動成功就是大大的黑暗！」這是我認識多年的好友，自殺前留給我的最後一句話。他帶著爽朗的笑容對著我說。

當時我二十一歲，原本一心想要擠進大眾傳播領域，讓自己更有錢有名，辦更大的活動。但好友突然的轉身離開，讓我開始反思，自己想要追求的到底是什麼？會不會在種種成就的背後，等著我的其實也是某種「黑暗」？

後來我轉向投入心理治療領域，花了很多時間，想要尋找好友那個爽朗笑容背後，究竟隱藏著怎樣的答案。

閱讀完此書，皓宜用「空心人」這個隱喻，相當符合我在心理治療現場的體會。比起憤怒、悲傷等強烈痛苦，更令人難以承受的，往往是「徹底失去感受快樂的能力」，生命彷彿失去了色彩和聲音，做任何事都感受不到意義與樂趣。

要幫助「空心人」重新獲得「感受」的能力，需要有人像皓宜那樣，陪著他們安心地經歷、感受痛苦，當眼淚能夠好好流出來時，深埋在眼淚下面的快樂與希望，才有重現天日的機會。

——黃柏嘉（諮商心理師）

心理諮商師 ft. 紀錄片導演呈現的台灣心理圖像

我很喜歡看的影集中，許多都有心理諮商師的角色。這些類型較常出現在黑色電影、犯罪類型，或是校園成長的故事中。對編劇來說，置入一個心理諮商師在劇本中，像是一個能成功開展故事角色心理狀態的顯影劑。

很少有一種工作，像心理諮商師與紀錄片導演一樣，「陪伴」著個案主角走上一段長長的人生道路，不僅傾聽他們深藏內心的聲音，也記錄現實生活中故事的發展。

內在vs.外在，像是二元對立的關係，但在心理諮商師與紀錄片導演的個案脈絡中，兩樣總合，才是每個人完整故事的全部。有了內在與外在、過去與現在，這更像接近「全人」。

書中柏瑋導演將心中深藏三十年的故事，以自己的影像創作試圖與過去的自己對話。攝影是光，光映照的圖像讓自身的輪廓越來越清晰，也成為他邁向導演之路的力量。

空心人也許並不像字面上說的「空」，它更像是告訴我們，每個人心中都佈滿大大小小的「破洞」，需要被不同的愛「填滿」。

——**楊守義**（金鐘獎導演）

文字與影像的溫柔包覆

生活著就會有必然的失落或磨難，可是有些巨大的傷痛超出了負荷，因為心裡裝不下了，反而讓心破了一個洞，於是再也擺不進去其他東西。存在著，卻不是生活著，心裡頭空蕩蕩的。有時候，傷心比快樂容易許多，然後日子拉長了，最後就連傷心都不再重要。

當快樂與傷心都不復存在時，連帶自己也失去了存在的意義。可是這些失去，其實正巧表示了自己對真實的渴求。

這兩年由於新冠疫情，原本熟悉的生活改變了，更加深了心裡頭的茫然與不安。而在這樣心靈益發灰暗的時刻，或許溫柔以待是一帖藥方。感受溫暖柔軟，試著理解自己，跟自己和平相處，給自己一點時間去調整呼吸。

《空心人》一書，寫的不是一個人的內心如何空洞，而是一種在心裡用力揮舞雙手的求救，期待著世界能有所回應的盼望。心理師許皓宜與攝影師凌柏瑋，在連傷心都感受不到的時刻，以文字與影像溫柔地包覆了空蕩蕩的心房。

——肆一（作家）

心中若能填滿愛與溫柔

很令人遺憾，我和皓宜一樣，在二〇二一年經歷了學生自殺身亡的傷痛。陪伴那位女學生好長一段時間，陪著她得獎，甚至申請到頂大。但她還是在上大學前選擇離開這個世界。我永遠記得，她曾指著自己的大腦說：「醫生說我這裡缺了一塊。」

女孩從國中時期就開始傷害自己，念高中後，雖然不斷經歷情緒的起伏，但也因為活在當下，寫作持續進步，拿下許多全國獎項，也開始勇於編織夢想。然而在母親過世後，她的心被挖了一塊。畢業後，談了一段沒有結果的愛情，確定無法挽回時，她的心被掏空了，成了名符其實的「空心人」。心沒了，活著，也沒了意思。

那一刻，我終於明瞭，她和書中的主人翁們一樣，缺的，是愛。

書裡的阿龍，因為找不到父母的愛，每天只想自殘。幼幼被父母婚姻的陰影壟罩，自殺是她索愛的發聲法。因為母親說不出愛，父親的愛也缺席，默言選擇自殺兩次。然而，女孩溫柔卻因為對世界溫柔，挽回一命。

是啊，所有的空心人，心中若能填滿愛與溫柔，應該會捨不得離開這個世界。或許，我們可以先從閱讀這本書開始，掩卷後，我們將會更懂得如何溫柔以待，讓彼此都不再空心地活著！

——**蔡淇華**（台中市立惠文高中圖書館主任）

心理困擾的冰山一角

我們都迫切想知道，為什麼學生會跳樓，怎麼做才能阻止？原因繁複多重。個案研究者經年累月採訪遺族、親友，未必能解釋生前的精神全貌，使人們傾向統計、分類。

例如中國清華大學心理諮詢中心在〈大學生自殺風險因素的個案研究〉中，調查十四所名校、三十三例自殺死亡學生，提出主要是由學校負性生活事件（如學業困難、戀愛問題等）誘發。抑鬱、精神分裂是高風險因素；疾病、家庭問題、不良性格是潛在因素。這份研究使人懷疑是在自殺者和其他人之間劃清界線、傷病分類，這一邊即使為自殺高風險群，多做什麼也沒用；那一邊為普通人，什麼都不用做也不會怎樣。即使承認涂爾幹（Émile Durkheim）觀點的體制因素，也承認體制無法改變，所以對自殺者愛莫能助。

《空心人》以靈慧溫柔、鍥而不捨的關懷，訪談十位倖存的年輕人，呈現了自傷、恐慌、厭食等的家庭因素。突破所謂學業困難、戀愛問題的盲點，它們往往並非獨立於家庭因素或人格疾患，而可能是家人互動失衡的結果。互為表裡，而不是輕重之別。在作者老練的速寫下，受訪者的困境和一般人的煩惱，界線是模糊難辨的，這些自殺行為似乎都是心理困擾的冰山一角。聚焦於父母忽略或吞噬兒女，是作者傾盡心血提倡的防治觀點。

《空心人》以會談中生動細膩的表情、對白，戲劇化逆轉的發現，象徵經常漫長、艱辛、挫敗的復原。主角往往孤獨忍耐、善良可愛、惹人心疼。

不過《自殺防範指引》稱，「近期研究發現，在年輕自殺死亡人口中，有二到五成的人格疾患盛行率，較相關的有邊緣性人格疾患和反社會性人格疾患。」邊緣性人格疾患與自殺、自殘有關，有一成死於自殺，無研究數據支持防治或住院可阻止。但急診室大規模追蹤自殺未遂者，當中僅百分之三到六自殺死亡。差異可能反映，同意接受研究的患者，自殺傾向較輕。自殺未遂者和自殺成功者互相獨立，僅百分之三的人重疊。本書選擇呈現自殺未遂者光明樂觀的希望，或許書中個案遇到作者就是幸運，或許該感謝作者，藉此賦予我們進一步探索自殺者所遇黑暗面的勇氣。

——盧郁佳（作家）

你有失去過你的朋友嗎？我有。

每一個「空心人」可能都是從血肉之軀而被「鏤空」的。一點一點，可能是社會對族群的偏見與壓力，可能是來自原生家庭的齟齬，可能是個人經濟的突然潰散，逐一逐一，把人們掏空了。

你有失去過你的朋友嗎？我有。

我想起我那思覺失調的朋友Ａ。想起他恐同的父親，想起他父親用以傷害他的那些言語，他的男身女相，他的妝容完整。他墮進無底深淵，說：「我不是故意鬧到這樣痛苦，和男人抱在一起然後訴說在一起的那些事情。不可能，我有自尊心。」但他早已經碎掉了。如果，這是一個能夠接納同志之所以為同志、就是因為他們是他們自己的世界，我的朋友A的故事，會不會變得不一樣呢？

我不知道。但我的朋友A被他的「戶籍地」驅逐出境。他繼續傳無法解讀的簡訊給我，向我求救。他說：「你可以請他們停止這些事情嗎？很不厚道。」我無法幫助他拆除那些「假裝成溫馨異性戀夫妻的臨時演員就是要改變我的性向」，我無法幫助他「聯繫我的母親鎮壓我的父親」。我一方面練習不在意，另一方面，則繼續練習用比較不受傷的方式在意。

我畢竟救不了他。承認這件事情讓我的心都碎了。但我真的好想好想要改變這個世界過去、現在，以及未來即將加諸於每一個同志身上的傷害。

「你不要傷害他們啊，他們會死掉的。」我不想再失去任何一個朋友。

如果有一件事情可以鎮壓這個世界的惡意，那將會是愛，將會是擁抱。讓我們撐住，這場戰役還長得很啊。但在我們能夠接住更多衰落的空心的靈魂之前，能不能，不要再失去任何一個人？

——**羅毓嘉**（詩人）

目錄

序言

後疫情時代的心靈挑戰——缺乏信念、缺乏未來、缺乏愛

許皓宜

身為一名心理助人工作者，面對人生的失落與無常，已是我們生活的常態。

我曾有幾次衝上頂樓勸退欲跳樓者的經驗，也曾諮商各式各樣自殺未遂和自殺計畫的個案。從事這樣的工作十分耗費心力，但看著那些原本無望的心靈，在會談過程中，一點一點地累積起足以迎向未來的希望，當他們完成個人歷程，步出診療室向我揮手道別時，我總會偷偷將他們的神情刻印在心底。在我自己遇上人生低潮的時候，這些臉孔無疑是陪伴、支撐我繼續前行的力量。

二〇二一年十二月六日，是我從事專業工作十多年來，第一次在校園中經歷

學生自殺成功身亡。說第一次可能有點誇張，但那些剛入行時年輕稚嫩的經驗，大多是站在較遠的位置，旁觀這些墜落；等到自己成為一線的危機處理人員，頂著「當事人第一」的倫理準則，總是得挺起腰桿，期許自己將每一片搖搖欲墜的輕生意志通通「接住」。當這些反覆的經驗變成生活日常時，雖然早明白總會遭遇「接不住」的時刻，卻沒料到原來接不住的間隙所發出的巨響，竟也是如此無情地撞擊自己的心靈。

大學生的自殺死亡率已悄悄逼近青少年死亡原因第一名。二〇一九年，大學生自殺成功者已來到三位數一百七十七名；二〇二〇年後的數字更多。然而，或許是大家都轉去關心 COVID-19 的確診數字了，這實際的自殺成功數字，竟難以查到確切。

年輕人自殺率究竟是如何攀升的呢？

二〇二一年底，跟進校園事件五十天後，我心裡開始有了某種模糊的答案。我看見當代的年輕人，有些迷走在家庭學校與社會的邊緣，有些耽溺在危險的親密關係中，有些透過暴力與虐待的互動來宣洩內在空虛，更有些成癮於飲食菸酒，靠著深夜催吐來掏空迷惘的焦慮……。坦承地說，在這些年輕大學生身上，我彷彿看見大四那年的我自己：

活著，卻感受不到踏實的未來和生命的意義。
活著，有自我的形體，卻少了發自內心的自信。
活著，想要向人靠近，卻缺乏繫緊關係的能力。

當人們心中缺乏信念、缺乏未來、缺乏愛時，便會用個人獨特的方式，站在自我毀滅的邊緣。

所以有時迷惘，有時孤單，有時討厭自己……
慢慢地，心便空了。守不住心跳的溫度，成為一種「空心」的狀態。
於是山雨雲月的感動、大川大海的遼闊，都難以傳遞活著的美好。
苦澀逐漸腐蝕內在，直至愛與被愛的感覺不再。
那麼，人該仰賴什麼而活下去呢？
我們還能守住心的溫度嗎？

這是書名引用英國詩人托馬斯・艾略特（Thomas Stearns Eliot）於一九二五年所寫作品〈空心人〉（The Hollow Men）的由來，也是後疫情時代，人類必然觸及的內在精神世界的問題。

我很幸運在承擔將近兩個月的校園危機後，遇上了柏瑋，願意透過他的影像和鏡頭，與我一起探討這個侵蝕現代年輕人心靈的重要議題。《空心人》這本書只是個開始，未來我們將透過各種不同的影像和文字創作，打開這些危機背後的神秘面紗。

這本書涵蓋了大量的故事和影像的結合，除了有我身為心理專業人員的視角之外，也有身為導演的柏瑋自我探索的視角。兩者之間所夾帶的「影像故事」，建議讀者可以先避開我們對照片的文字詮釋，寫下你自己看見照片時所閃過的想法，然後再回過頭來閱讀照片的註解。這是一種有趣的心理投射練習，當你回過頭來檢視自己的文字內容時，或許你會開始對自己的心境和看待事物的眼光有所領悟。

這本書的內容來自於各種生命經驗的改編與重組。不管真實或虛構的，都反映我們每個人皆可能遭遇的現實人生。

空心人（節錄）

我們是空心人
我們是填充著草的人
倚靠在一起
腦殼中裝滿了稻草。唉！
我們乾巴的嗓音，當
我們在一塊兒颯颯低語
寂靜，又毫無意義
好似乾草地上的風
或我們乾燥的地窖中
老鼠踩在碎玻璃上的步履
呈形卻沒有形式，呈影卻沒有顏色
麻痺的力量，打著手勢卻毫無動作
那些穿越而過
目光筆直的人，抵達了死亡的另一王國
記住我們——萬一可能——不是那迷途的
暴虐的靈魂，而僅僅是
空心人
填充著草的人。

——托馬斯·艾略特

序言

《空心人》：是影像，也是書

凌柏瑋

「你的影像裡有很多故事，不只是一張照片！」皓宜興奮地說。

我和皓宜認識，是在一個節目拍攝的工作場合，在那短短的工作空檔裡，我們互相交流不少關於影像創作的理念和想法。她也看了一些過去我在各地拍攝工作時的隨拍照片，善用她的專長穿透了每一張照片，看見許多照片背後、甚至是我對自己故事一直以來理所當然的主觀。那天她告訴我，有些影像背後的脈絡，其實或多或少跟自己的記憶有關。

文字與影像互為主體的共存，如電影般看見人性最光明與最陰暗的角落——我們約好有一天要實現這樣的合作。於是，便有了《空心人》這本書。

曾經，我以為會把自己這些最赤裸、最真實的故事藏在每個影像創作後面，或是隱身在劇本寫作裡；曾經，我也以為自己一直以來離這種「空心」的狀態很遠很遠，甚至認為自己無法承接此類故事，覺得沒有能力幫助這些「具有心理創傷」的人。這次透過文字梳理，重新回頭看看自己的過去，也才發現，其實我跟他們好近好近，或許該說，生命的某些時刻、某些經驗，總迫使我們面對內心的荒蕪。

撰寫「鏡頭背後」的過程中，一開始其實是疏離的，就像在一座更高的山頭遠眺另一座山的山腰，是用比較遠的視角觀看自己以前的樣子，然後理性地審視和分析那個自己，文字既沒有溫度又充滿距離。後來經過心理上和文字上的反覆整理，才發現原來是我根本沒有勇氣走向以前的自己。

在過往的人生裡，有太多時候走得太快，快到輕易忘記前面的經歷，或是快到一切都覺得理所當然，但又唯有如此，才能不在太過辛苦的經驗裡徘徊逗留，也才能走到今天這一步。藉由書寫，竟似一把把勾起那些早以為流失掉的情感；皓宜筆下主角的故事，無疑也觸動了我內心最深處、那些不敢面對的少時回憶。

書寫前，我們一起訪視其中幾位主角，其中一位朋友對我們說：「我願意分享自己的故事，因為我想告訴有類似處境的人，他們並不孤單。」一起初聽到這話，並沒有太多感受，只覺得那是願意或不願意而已。但當我開始寫下自己的故事，就發現這其實需要比天還大的勇氣，才能揭露自己最不願意面對的那個角落，為的只是鼓勵和自己一樣的人：不管你如何對自己感到絕望和誤解，當你走過這個歷程，卻將擁有無比強大的生命力。

這本書記錄著皓宜所經驗過的「空心」的狀態與故事，同時也是身為影像工作者的我喚醒自己沉睡過往的歷程。裡頭有許多文字，是在每一個夜裡獨自窩在房間，默默流淚寫出來的，雖然常常搞得自己精疲力盡，但完稿之後，卻是如釋重負、暢快無比。

空心的狀態並不可怕，該恐懼的，是我們不敢面對它。

每個人心中，

都有一片亟待解放的角落。

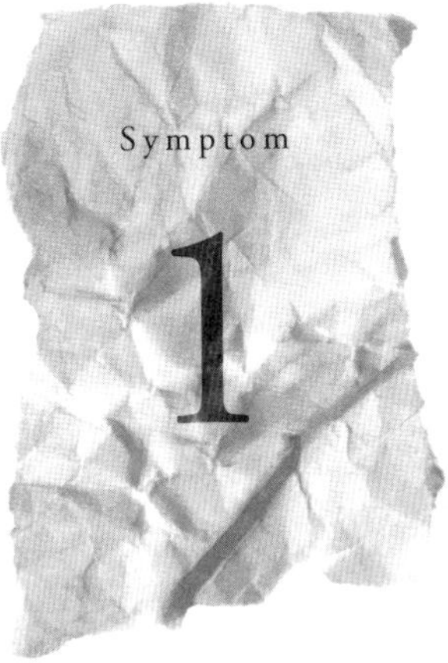

困住感

人的一生努力活著，難道就是為了承受這些，
來自他人的「期待」與「期待落空」的輪迴嗎？

望子成龍 卻成籠

如果你要我說當初為什麼去死，我實在無法回答你；
我只是好奇你們有沒有問過自己，人到底為什麼要活著？

那是發生在台北捷運隨機殺人案過後沒多久，社會上人際關係既扭曲又疏離的時候：公共交通運輸上，你不再敢放心地閉目養神，取而代之的是拎著包環顧四周，稍有不對勁就得準備逃跑的模樣。

倘若在路上看見有人懷抱疑似武器般的物品，你可能不自覺地瞇起眼睛、露出獵鷹般警覺的目光，或如受弓箭之嚇的鳥兒，張著羽毛凌亂的翅膀驚疑躲開。

所以當人們發現，總是背著大型登山包走進校園的那名年輕男子，身後掛著那截裹著塑膠布連拉鍊也掩不住的長型物體，真面目原來是一把略帶腐朽的開山刀時，一連串驚恐謠言迅速在校園裡傳播炸開。

大家私下稱他為「開山刀男」。

身為心理學家，初次聽到這稱號不免皺眉，更何況它還是出自我眼前這群花樣年華的大學女生。

我們的社會似乎總習慣如此：把一個活生生的「人」，和一個「人們」偶然間靈光乍現的「詞」，緊密地扣在一起變成一個「標籤」。這種封號最初出自誰口通常已不可考，但當事人卻可能要背負它數月、數年，甚至更長的時間。長到人們的記憶可能早已淡薄，「標籤」卻自動長出鐵條，成為困住當事人的枷鎖……

顯然，站在我眼前嘰嘰喳喳的這群女孩們，還沒意識到自己正參與一個人被強行標籤化的過程；那就容我在這段生命故事的描述裡，任性地打斷標籤的語意好了。

我的筆記上，給這名當事人的代號是——山男。

在他還覺得自己是個活著的人時，曾是一位非常喜歡登山的大男孩。

依照女孩們的描述，山男是一名社會人士，已經被其他幾所大學謝絕入進，因為他的行為詭異至極：

他帶開山刀走進校園不是為了砍人，而是像做「武士道」訓練般，拿著裹塑膠布的開山刀對陣草原上的大樹，一左、一右，交叉、比劃。轟隆隆的風聲中依稀可聽見他發自丹田的怒斥：「喝！喝！喝！喝！喝！……」

他曾就讀某高中的藝術類科，所以進校園後總是尾隨同高中畢業的校友，不論你到哪，他都跟著你；即便是在便利商店排隊結帳，他也會以不到三公分的距離緊貼著你的後腦勺。轉身見他緊繃眉頭下的銅鈴大眼時，你會不由自主地感到害怕。

校園裡，幾乎人人避他唯恐不及；但他從未對人做出傷害舉動，校方也拿他沒轍。有趣的是，在這樣的氛圍下，卻出現一位對山男十分親切的女同學；只是當她對他露出親切的笑容時，也受到其他女生的排擠。

「幹嘛跟他說話啦！他好奇怪欸！」她們說。

一段時日之後，她們變成這樣說：「她都會和他說話，她好奇怪欸！」

「你們看，是那對怪人。」慢慢地，大家都跟著說。

這件事發生時，我是學校危機處理工作的一線人員，此案到我手上，原本被賦予的任務是「勸導女同學遠離危險人士」。

我把女同學請到辦公室來，想瞭解她「為何不聽勸阻要接近危險人士」？沒想到聊著聊著，女同學竟然落寞地垂下眼簾，怯懦語氣裡卻透露著堅定：「老師，其實他不是大家講的那樣。他很可憐的，他和我一樣都是爸媽眼裡有瑕疵的孩子。」

我才知道女同學有先天性的長短腳，乍看時看不出來，相處久了以後，你會發現她走路帶著點輕微的不平衡。

而來自校外的山男呢？則是一名燒炭自殺的獲救者。

一般來說，學校裡的輔導單位是不服務校外人士的。甚至當在校生畢業成為校友，對大部分學校來說，也同時失去享用校內輔導資源的權利。

雖然身為專業人員的我可以理解，這是為了將資源保留給在校的學生（畢竟在校生才是有繳錢的人頭）。但每每在媒體上看見××校「校友」自殺身亡的新聞，我總要花些時間才能消化那種明知哪裡有漏洞、卻無能為力的感覺。

學生畢業後走出校園，失去同儕和課堂的支持，他們的人生考驗不是才剛開始嗎？怎麼因為少蓋了註冊章，就失去回到母校傾訴的權利呢？

明明進到校園裡面來，擾動了校內氛圍的人，怎能因為缺乏被官方認證的文件，就被列入三不管地帶呢？

所謂的輔導和教育，不是應該在觸手可及的地方，扮演將這些「社會邊緣人」推進有能力提供協助的系統體制中的連結與橋梁嗎？

再三考量，我決定透過女同學所提供的電話，找到山男的母親和他本人。

∴

此刻，山男正坐在我面前的長沙發上，瞪視著我。

約莫三十歲的臉孔，眼神裡透著防衛與殺氣。山男身旁的另一張單人沙發上，則坐著他的母親，寫著滿臉心事且白髮蒼蒼。

「他沒有惡意的。」母親先開口了，像個做錯事的小孩，深怕沒有遵從指令就會被送進警察局。

「我是燒炭自殺的後遺症。」山男一開口，聲如洪鐘，卻是未經社會化的語氣，直接尖銳犀利，令人不寒而慄。

剎時間我感覺到一股「為何要淌這渾水？」的無聲告白，迴盪在我和坐在身後陪同會談的同事之間。

我硬著頭皮望向山男眼裡的防衛，突然讀到這份敵意的緣由，或許是那一張張「此人不准進入校園」的禁令所堆疊出來的。

「我知道你不是故意的。」我盡量壓低自己對他說話的語調。在心理學上，這是一種承接情緒的預備狀態。（不管你要怎麼炮轟我，來吧！）

「我在想，你會這樣到校園裡面，可能是想給自己找一些朋友。」我說。

山男眼裡的敵意，從高漲的一百分消退至99分。

「但顯然，你現在找朋友的方法是沒有用的。這就是我今天為什麼要找你來這裡，我想要跟你商量一個比較有用的方法，可以幫你比較有效地達成你的目的，同時間也解決我的困擾。」

敵意指數繼續下降：95，85，75，65……

山男開始告訴我，他燒炭自殺背後的故事。

∴

望子成龍、望女成鳳的案例，在我們居住的國度裡比比皆是。

我們常常忘記，其實這是傳統價值觀根植人心、代代相傳的結果；它需要一段轉換的過渡期，才能夠和現代的新式教育思維接軌。所以我們苛責為人父母者何必望子成龍，卻很少有耐心地聆聽以及指導他們如何放下這份執著。結果是造就出一批行為極端化的父母：其中一端依然完美主義，依然嚴格要求，依然只盼子女走上人生的最佳選擇；另一端則可能過度放任，過度強調自由，直至子女失去了他們成長階段中應被大人給予的依循標準和未來信念。

山男的父親是典型的前者：完美主義，信奉第一志願和國立大學才是成功的標準。所以當山男考進K高夜間部時，父親怒不可遏地將成績分發通知單一掌拍在客廳桌上，那桌面玻璃就這樣硬生生地裂出一道蜿蜒峽谷，將父親的怒氣傳射進跪坐在對岸的山男心底。

「你小時候成績不是很好嗎？怎麼考成這樣？」

「還好啦，也是國立，也是好學校。」母親在一旁想打圓場。

「那是夜間部！好好一個高中生，念什麼夜間部？那他白天要做什麼？」

「那個××建設的總裁，也是這個夜間部畢業的……」山男垂著頭，還想用軟弱的語氣為自己辯駁，沒想到卻被一塊迎面而來的硬物撞上前額，眼角上方流滲出汩汩鮮血，模糊了他的視線。

硬物摔落地面碎成片片，是父親砸過來的菸灰缸。

腦袋一陣天旋地轉，淚水和血水在山男臉上交錯成河。一種備受屈辱的感覺，讓他逐漸聽不清耳邊陣陣響起以「不知上進！給我重考！」為原子核心的責罵聲……

人的一生努力活著，難道就是為了承受這些，來自他人的「期待」與「期待落空」的輪迴嗎？

∴

木炭，打火機，鋼盆，海綿……

脫離客廳裡與父親對峙的混亂後，回過神時，戴著鴨舌帽的山男已站在便利商店準備結帳。不顧店員對他額頭上那抹鮮紅的關心，他瀟灑步出便利商店，哼著歌的輕鬆步伐，彷彿手上裝著木炭的塑膠袋是裝滿零食的旅行背包。

他將生平所有積蓄押給一間看起來還不錯的賓館套房。蹬起腳跟，打開門鎖，旋轉入內……

他嗅著房裡的空氣，聞起來真乾淨啊！這是他這輩子獨一無二的、沒有嘮叨沒有吵雜、不被任何人責罵打擾的一方小天地。

他蹲下身子開始佈置「最後的房間」。看著火苗將木炭燒出了透亮的橘紅色後，山男將身體的重量甩進棉白細密的床單上，貪婪地吸吮盆裡裊裊升起的陣陣白煙。

再見了，爸爸。沒有我，你就不會再生氣了。

再見了，媽媽。沒有我，你就不用再挨罵了。……

再次睜開眼睛時，山男首先望見的是母親哭腫了的雙眼。

好似一夜白了頭的父親，站在離病床有點距離的牆邊，努力壓抑自己抖動的情緒，深怕刺激到才剛獲救躺在病床上的兒子。

出院後，父親的期待彷彿從他身上連根拔除，父子間卻多了一份說不出口的疏離。

父親沒敢再對他使用責罵的語言，倒是山男自己對於未來開始產生某部分的執著。

他努力重考，卻還是沒能考上理想的學校。一次，又一次……

最後他只好進到自己憧憬的大學校園裡頭，尋找和小時候的他一樣，曾經風光一時的身影。

∴

「我的存在，是我父母生命中的一個瑕疵品。」

山男在我眼前吐出這句話時，眼裡的敵意已經全然消失了；但他語氣裡的軟弱卻直接命中在場每個人的心臟，差點逼我們掏出無聲的哀嚎。

依照心理學的概念，人性的發展得先仰賴「他人尊重」和「他人關愛」，才能進一步萌生出「自我尊重」和「自我關愛」。而我看著眼前這對母子，遙想著那不在場的父親，感覺他們三人之間彷彿隔著一片汪洋，明明可以擁有磅礴的愛，卻流到岸邊就被海浪給吞沒。

父母有愛，卻無法將愛有效地傳遞到孩子心裡，然後造就出一個未曾發自內心感受到他人關愛的孩子；孩子長大之後，最終變成無法自我關愛的大人。

這現象只存在這個家庭嗎？這僅僅是家庭本身的錯嗎？

這世界上又有多少孩子、多少大人，覺得自己的存在是個瑕疵品呢？

山男說完他的故事後，我的腦袋出現各式各樣找不到答案的問題；好在學心理學指引了一條路，告訴我們「替代性經驗」對人具有修復性的作用。

於是我們和山男從他尾隨喜歡的朋友時，那貼近得不得了的三公分距離開始談起。當時已然三十歲的山男，竟像個未經社會化的孩子，恍然大悟原來人與人之間需要保持一個手臂寬的社交距離！

笑聲在我們之間打開。雖然從山男丹田發出的咯咯笑聲依舊尖銳無比，但我確實感受到，這種人與人之間的關懷與交流，是跨越年齡層被我們每個人需求渴望著的。

未曾在原生家庭發生過的美好經驗，成年之後，即便我們化身為傷痕累累的瑕疵品，也要記得自己有權利追尋這份渴求。

「所以下次，當你再來我們校園時，可以先通知我嗎？」離開前我問山男，「我可以在這裡，幫你和你朋友安排一個不被打擾的party。」

山男對我甩了甩手，拒絕我的嘮叨。

在這天之後，我再也沒見過在校園中背著開山刀的他。

後記

EPILOGUE

半年後，我在辦公室接到山男母親的來電，她告訴我，山男當初離開我們會談的空間後，就自願住院接受治療。截至我動筆寫下與他相遇故事的此時，心裡依舊掛念的是：他出院了嗎？交到朋友了沒有？

困住與掙脫

在困住感中 追尋自我的人們

影像故事 — IMAGE STORY

外國的月亮比較圓？

外國人眼中的台北，燈火與大廈的繁華。
真實的台北：鐵皮屋組成的繁華？

別人怎麼看你，不如你怎麼看自己。
當目光總是看著自己沒有的想望，
便成了自我的獄卒。

雲霧使林道看起來深不見底，
但當陽光升起，
森林卻重現真實的翠綠面貌。

寒冷的夜晚，露水困在森林裡。清晨的陽光，林道重見了天日。

「特別」，是需要用黑暗交換的。

高雄果貿社區，造型特別的懷舊眷村，成了口耳相傳的知名場景。
棟棟相連，社區裡唯一的一道光，分給密集的層層天井。

不能從大廳進入的工程車，連空橋也進不去了。船身斷裂的油船，染黑了海平面下的礁石與螃蟹貝類。

我們常常忘記，再能幹的人，
都有停下來的一天。

而再脆弱的人，在困住感中，
也可以找到秩序的來源。

困民的車陣。解圍的男人。

找個起早的日子，

在地圖上，尋覓那個有趣而幸運的角落。

每個人都有隱藏的自我

不知道從什麼時候開始，我會在每一部作品上映之時，在自己的社群軟體分享一些拍攝過程裡遇到的趣事，或是從拍攝的故事主角身上領悟到的一些啟發，可以說是自己工作上的小手記，將內心一片赤誠坦露在外。

但是入行日久，攝影技術逐漸純熟之後，我反而特意在書寫的時候有意識地拿掉「我」這個主詞，用一種比較遠的距離來看待自己的狀態、看待所處的世界，或是看待被拍攝的對象與故事。更赤裸地說，其實是有另一層難言之隱。

回憶起童年經驗，我感覺自己內在常常有一股憤怒無處發洩，總會在環境中某個無法預料的時刻，像是別人忽然對我吼叫時，就會受到影響、因而誘發。屆時不但可能造成別人的傷害，同時也讓自己面臨無法收拾的局面。

父親在我年幼的時候，會在某些時刻不經意地對我大吼，以表示在家中扮演的權威角色。小時候不懂事，缺乏判斷能力，每當這個時候總是特別懼怕，不喜歡這樣大吼大叫的他，所以長大之後，我很克制讓自己不要變成像他那樣的人，但事情卻不如預期。發現自己和父親的相似處，我需要更用力收起任何有可能出現暴衝場面的情緒。

把自我「隱藏」起來，看起來是個不自覺的本能。那是為了在拍攝作品時更加客觀？還是為了不願意由著情緒失控，造成人與人的關係瓦解？不，都不是！事實是，我選擇了另一種方式來逃避「成為跟父親一樣的人」。可是當隱藏自我的同時，我也把對他的情感關起來了。

這些隱藏舉止的背後，全是抗拒和害怕，抗拒自己真實的情緒反應，害怕自己成為被自己討厭的人。於是慢慢地，我發現隱藏之後的那個自己，「我」也漸漸消失了。雖然是刻意隱藏起來，或選擇逃避，但相信我，總會在某些時刻開始對自己產生極大的矛盾。獨自一人時，那隱藏的自我會和自己對話。

那麼，不如就面對它吧。唯有當你發現自己最真實、最脆弱的那些秘密，還能被人接納或理解的時候，才能真正生出倔強又堅毅的力量。

努力無用論

不知道你們是否曾有過那種「世界之大卻沒有一處可容身於我」的感覺？
一旦心情如此，藍天白雲、花草樹木，剎時間都將失去顏色。

無人知曉的溫柔

我原本想從這邊跳，可是如果我從這裡跳，那棟樓的人目睹了會有創傷；
所以我想換從這邊跳，但我發現就變成另一棟大樓的人可能會有創傷。
最後我居然找不到一個角落，是可以安靜地跳下去，不造成別人創傷的……

大概就是這件事之後，我幾乎不再穿高跟鞋了。

那時我剛換新工作沒多久，還忙著嘗鮮般品味校園裡悠閒自由的氛圍。所以這事件發生當下，我腳上正掛著一雙新入手的優雅高跟鞋，和緩地站在講台上和學生們討論人性哲理。

教室外走廊上卻傳來陣陣急促的奔跑聲，聲響很快竄到了教室門口。只見兩名校安人員氣喘吁吁地對我喊道：「快！頂樓有人正要跳！」

瞬間，彷彿本能似的，不用回覆任何語言地，我摘掉腳上那兩枚華麗卻累贅的跟鞋，赤著腳，隨著兩位同事跳下層層樓梯，躍進平面的水泥地和柏油路。

一名新加入我們隊伍的同事拋來一雙順手牽羊的合腳拖鞋，為我阻隔柏油路面的炙熱，讓我讚嘆平底鞋業者的發明，真是我們奔往助人路上的最佳夥伴。

我是很久以後才發現，從教室到那棟事發大樓的距離，算算至少也有好幾公里，我們卻只用極短的數分鐘時間就奔進了現場。

我想，或許是從事危機工作的人，脊梁骨底下原來都被偷偷埋藏著一根燃火線，平常你不會記得它的存在，但只要撞見「有人要死了」的危險字眼，火線就會立馬自體燃燒，讓你發揮自己想像不到的潛能。

所以當我們闖進四處站滿警消人員的事發現場時，我如同被安裝了自動駕駛系統般，繼續攀爬樓梯邁向頂樓，然後撥開消防門外兩名警察的手，看見樓頂平台上方的水塔處，早我一步抵達的同事正駐守在女兒牆旁，試圖阻擋一名裙襬迎著強風飄動的陌生女子。

我和同事交換了眼神和手勢，在我攀爬到女兒牆邊的同時，她則沿著我身後爬回下方。

女子似乎感覺到身旁的變動，將目光投到剛抵達她身旁的我身上。而我正幡然醒悟，原來自己竟不知不覺地爬上了校園至高處……

「媽呀，我真的好累！我有懼高症啊！」幾乎是不經大腦地脫口而出。因為我不記得教科書上有哪段曾經記載，上頂樓跟要自殺的人談話，是要說些什麼？

陌生女子望著我皺了皺眉頭，我感覺自己大概處於一種滿頭大汗又渾身脫水的矛盾狀態，但清晰可見的是，眼前的女子臉上掛著一雙因為過度哭泣而腫脹的眼睛。

「我剛剛從那一棟樓一路跑到這裡都沒有停，你看……」我摘下腳上那對方才陪伴我整路的拖鞋，連結著橡膠底的鞋帶因為過度磨損已經瀕臨斷裂。

見她沒有拒絕，我小心翼翼地將拖鞋向她遞近，「所以，你願意和我聊聊嗎？在決定跳下去之前？」

她看著即將解體的那雙拖鞋，居然點頭同意了我的邀請，並且逕自繞到我身後，順著女兒牆滑下身子，回到頂樓平台上比較不那麼危險的區域。

她的主動讓我愣在原處，耳邊卻聽見她對我說：「下來啊，你不是怕高？」

我如同一個剛從白日夢起身的人，趕緊將身子抽離那危險的至高處。只見女子蜷縮在牆邊坐下，消防門外的若干人等則是比手畫腳地啞口隔空探問我：「現在什麼狀況？」

我面部猙獰地對他們揮動雙手，默契如我同事明白那是「叫你們滾！」的意思。同事溫柔地安撫躁動的警務人員，然後掩上消防門，留給我和女子一方獨處的空間。

樓頂。強風。

穿著白色衣裙縮在牆角的陌生女子。和拎著一雙撐不了多久便會入土為安的拖鞋的我。

這真是一個奇幻的會談場域。

依照研究顯示，有超過四成五的自殺者，在自殺前曾清楚表達他們的自殺意圖。問題來了：如果你感覺到身邊的朋友正在對你吐露疑似輕生的念頭，那麼，你該不該直接和他討論自殺這件事呢？

過去，每當我對上述問題做民意調查的時候，大部分的人會搖頭，覺得這種敏感議題不要去碰，以免刺激想要輕生的當事人。但在我的經驗裡，欲輕生的人之所以表達出自殺意念，不外乎是想為自己尋求一個「對話」的機會。

而我眼前這名穿著白色衣裙的女子，便是讓我明白「對話」在人們絕望時有多重要的指引者。

∴

在我的筆記裡，她的代號叫「溫柔」。沒錯，因為她個性真的很溫柔。太過溫柔的人，在職場裡面可能有種危險，就是一不小心便會成為「濫好人」。比如：

旁邊的同事要提早下班去約會，臨走前把未完的工作轉到她手上：「拜託，拜託，你人最好了。」

她溫柔地接過屬於別人帳上的這份工。偏偏她自己的事還沒做完呢！老闆走出辦公室追她的進度。「啊，對不起，對不起，我這邊弄好馬上就去做。」她溫柔地接下老闆的急躁與怒斥。

「自己工作不做，做別人的幹嘛？吃飽太閒！」老闆一句話就擊碎她的溫柔。

但她依然溫柔地完成同事的請託，溫柔地為了做不完的本分加班，然後溫柔地承接老闆好像永遠無法賞識她的表情臉孔。

直到她身體出了問題。

一顆惡性腫瘤在她體內萌芽，張著血盆大口吞噬她體內原本完好的器官。在她發現自己生病的那個下午，她拿著令人絕望的報告回到辦公室，卻發現身體依然自動化地溫柔配合周遭他人的要求。

生病了的恐慌感，在她出社會後的第一個職場裡，居然無人可訴說。

「沒打算告訴家人嗎？」聽到這裡，我不禁好奇發問。

她搖搖頭，溫柔依舊：「我不想讓他們擔心。」

∴

我不知道你們是否曾經有過那種「世界之大卻沒有一處可容身於我」的感覺？一旦心情如此，藍天白雲、花草樹木，剎時間都將失去顏色。

我的當事人「溫柔」，大概就是在這種黑白的狀態下，一步一步踏上階梯，踩往危險的至高處。整個世界都沒有色彩的人，有何可懼的呢？

喜怒哀樂驚惡懼，原是心理學所言的人類基本情緒。然而，當一個人發現這些感受已經無法在心頭泛起漣漪，大概就會接觸到所謂「生無可戀」的感覺。

溫柔對我描述這段經驗時，眼神空洞彷彿失去靈魂，但那雙黑白分明的眼眸底下，因哭泣膨脹的浮腫依舊。於是我指著她的眼皮問：「如果是這樣，那你為什麼還要哭？」

故事說到這兒，我想有些對情緒比較敏感的讀者應該可以想像，當我問完這句話後，我的當事人眼眶便會泛起淚水。

為什麼呢？在心理學的概念裡，溫柔身上展現出的是一種「不一致」的表達狀態：眼神空洞的缺乏情感，對應著眼皮浮腫的情感豐富。這往往顯示當事人的大腦意識和內在潛意識，正處於一個矛盾衝突的狀況。

而「對話」在此時的功能，便是讓當事人理解到自己的狀態後，能暫停下來，為矛盾的地方進行整合。

順著溫柔開始浮動的情緒，我對她說：「我猜，當你站上那個生死一線之處時，你心裡想到了什麼，所以你哭，而沒有立即往下跳？」

她用力地點頭，「我原本想從這邊跳，可是我想，如果我從這裡跳，那棟樓的學生如果目睹了，會有創傷。所以我想換從這邊跳，但我發現就變成另一棟大樓的學生可能看到，他們也會有創傷。」她伸出手指頭開始比劃，「結果我居然找不到一個角落，是可以安靜地跳下去，不造成別人創傷的……」

她說到這兒，換我眼眶泛紅。靠，溫柔的個性為什麼他媽的要這麼溫柔？

有人說，會自殺的人都是自私的，死了一了百了，把問題丟給別人。

這無疑是個超級大偏見。因為世上有許多在你眼裡看起來「自私」的人，他們的內在其實無比體貼、無比溫柔。

後記

事件發生後，溫柔就離職了。我想這是她對老闆和同事的溫柔，不想留下來造成大家的困擾。一陣子後，我收到她的訊息，她跑到國外去打工留學，皮膚曬得很黑，傳來的照片中，臉上開始展現了對自己的溫柔。雖然我很想問候她身上的疾病，但看見她和身旁友伴的鬼臉和笑容，我忽然覺得：只要能在遙遠的國度找到一個可容身的地方，身體痛不痛，已不再是重要的事。

影像故事 — IMAGE STORY

努力與放棄

每個人的努力，都有無人知曉的溫柔

有些人的努力，
是為了一份專業、一份工作。

有些人的努力，
注定一輩子藏在背後。

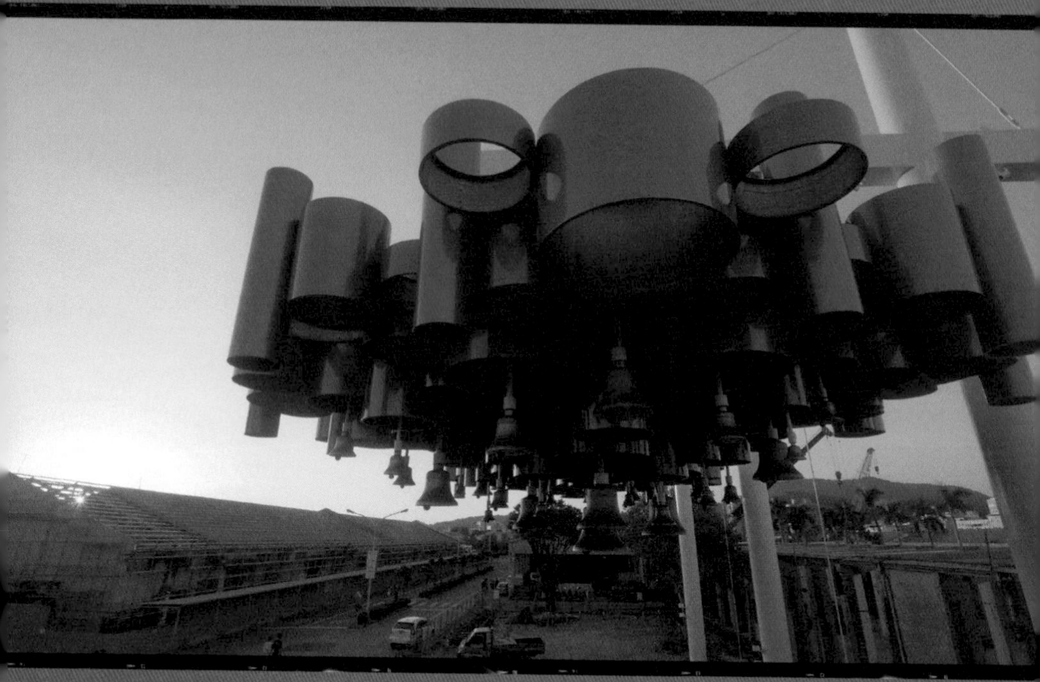

有些人的努力，

始於福禍與共。

有些人的努力，
仰賴的是合作。

有些人的努力，
造就了青史留名的鴻流。

Covid-19 疫情下難得爆滿的台灣運動賽事。

有些人的努力，
只願默默地讓自己有所收穫。

你的努力從來不可恥，也不需要理由，
只需要在心裡，
保有一塊安放的角落。

誠實，存在才會有意義

「他是歷年金鐘獎技術類別最年輕的得主。」不知道從什麼時候開始，師父用這句開場白向外人介紹我。

獎項這種東西，有時會把人生做出某種切割：得獎之後，大部分的人會肯定你過去大概是個努力的人；而得獎之前呢？「努力」這件事情，卻不一定能獲得如此正向的解讀。

剛進大一那年，同學們時常討論晚上要去KTV點哪首歌，或半夜騎車去哪裡夜衝，我卻因緣際會愛上「拍片」這檔事。為了僅僅一堂「初階剪輯」的選修課，覺得手邊沒有什麼好素材可以交作業，便跟著一群同學騎了將近三十公里的路，到遙遠的「十七公里海岸風景區」尋找材料。

現在想起來，其實也不太明白為什麼一群人要傻乎乎地，三更半夜摸黑騎車來回六十多公里路。只記得當時海邊伸手不見五指，沒有路燈也沒有車，沒有人更看不到海，唯一能抓住感官的，僅有耳邊聽見的海浪拍打聲。我們這群大學一年級新生，既沒有攝影機也沒有燈光器材，印象中似乎是借用了某個同學爸爸的相機來拍攝。拍完後，一群人或坐或躺在堤防邊，月光和星空照亮了彼此的臉……。這些畫面細節，雖然事隔多年也人事全非，卻依然記憶猶新，就像昨天發生般的清晰立體。

這段大學時光，是我心裡所感受珍貴的純粹。只是入學短短時間，我已更加肯定「想要拍片」的生涯目標，便開始準備轉學考，最後僅和這群同學相處半學期，就來到影視製作、電影、電視台等媒體資源最為豐沛的台北。

一切塵埃落定準備離開前，我將消息告訴了當時海邊的朋友們。

我沒有收到祝福，只收回了「自私」的評價。我只能將海邊的回憶裝進行囊，獨自追求夢想。回台北念書後，帶著學生身分投遞上百封履歷，找上幾間大片廠，聽盡各種牽強的拒絕理由，終於在升大二那年暑假，上帝為我夢寐以求的未來開啟了一線微小的窗縫。

我常常覺得自己是個幸運的人，但其實我也花了很多時間努力，讓自己成為那最幸運的人。

人總是不斷在選擇中生存；選擇什麼就必須承受什麼，得到什麼就可能失去什麼，這些變化是生活的恆常道理。

只是當承受和失去的力道，因日復一日的現實生活而增強加劇時，我們常常得如川劇變臉般，努力去扮演現實需要我們扮演的「角色」。

我們藏起真實的自己，讓它少有上戲的機會；直到夜深人靜，透過某些回憶的片段，它才會無聲無息地出現在眼前、腦海和心頭。

直到我們開始學習對自己誠實，面對內心的模糊與矛盾，擊破腦海中黑白分明的框架。面對自己的努力，也可能成為別人眼裡的自私；面對曾經的美好，最終可能只落成回憶。

然而，當你誠實面對自己的那刻起，你的存在才有意義。

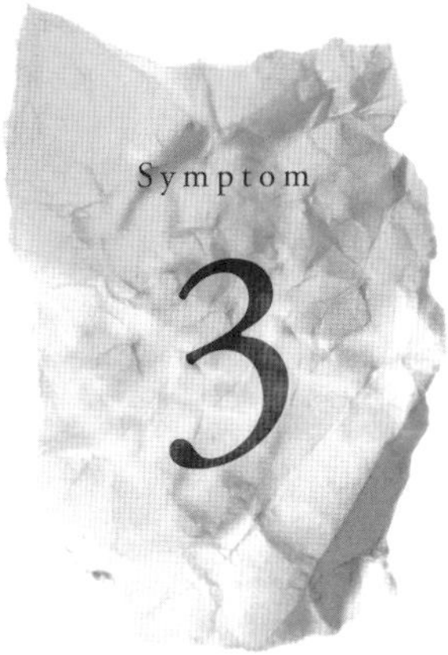

重複的負面記憶

你有沒有發現，你的時間好像一直停留在過去的某些時候？
不敢碰觸彼此，或許避免了可能的傷害，也削減了心靈靠近的可能。

無法過去的過去

這孩子祭出了自己的病痛和生命，來拴緊父母親的婚姻關係。
在她過去二十年的人生裡，原來並不相信，
即便父母之間的關係可能遠離，
但她和他們的血緣之親，並不會因此而斷裂分離。

「連續」二字，不只可以套用在連續殺人魔、連續竊盜犯……，還可以用在「自我傷害」這種事情上。

只是，站在傷害別人、竊取別人財物的立場，「連續」這兩個字顯然指的是一種惡意傷害別人的企圖；然而，當這個詞被套用在「自我傷害」上，我們是否曾經思考過：為什麼一個人要用如此惡意的企圖來對待自己呢？

年紀不過二十多的幼幼，便是一名「連續自殺」患者。但她的「自殺」方式很特別，是靠「喝可樂」這個行為來進行的。

∴

初次見面，我的任何語言在幼幼眼裡顯然都是多餘。她不想、不看也不聽我們這群繞在她身邊打轉的所謂「助人工作者」。

「我四肢健全、家庭完整、經濟無虞，怎麼樣，這種人就不該『出問題』是嗎？」

真是好問題！也確實道出社會大眾對於人性心理狀態的誤解，所以我們通常比較容易接受，一個孩子因為家庭經濟破產而課業一落千丈；也無法理解，何以品學兼優的孩子要偷竊同學的錢包。

只是，我從旁觀察幼幼口中的「完整家庭」，卻覺得她和父母的互動有種說不出的違和感。母親對幼幼說話的口氣自然是溫柔的，卻散發出一股隱藏的無奈；一旁的父親則是無語又無辜的模樣，彷彿是被教官傳喚來的學生。

想必這份「完整家庭」的骨架背後，是靠某些「破碎」的堆疊所支撐起來的。

聽我發出疑問，幼幼臉上浮現令人玩味的神情：「這問題得要問他們啊！」她指了指我身旁那對夫妻。

外表看起來比妻子蒼老許多的丈夫，對女兒的提問置若罔聞，眼神放空就像與我們並不同處於一個世界；妻子望了一眼丈夫的模樣，很快選擇挺身面對女兒的質疑：「那些都已經過去了，爸爸現在已經沒有那樣了。」

嗯？什麼意思？

幼幼媽的話前不著村、後不著店，讓我更加困惑：「這是有回答，還是沒回答？」語言內容怎麼如此曖昧，看似包容，又像是對丈夫發動一種攻擊？

「對對對，你們說的都對，都過去了！」母親的話顯然惹毛了幼幼，她頓時氣得在地上跺腳翻滾，退化成像個三歲小孩般撒野。「如果你們的事都過去了，為什麼我的事就過不去，還要坐在這裡？」

「好好好，你不要激動。」母親好聲好氣地安撫眼前這個大嬰兒，恨不得將她抱進懷裡喝奶。

現在是怎樣？我真是看得一頭霧水。只覺得女兒的情緒不只是女兒的情緒，女兒的表達不只是女兒的表達；這般說話方式和行為，莫非承載了別人的情緒，在行俠仗義？

「你以前寫的那些日記，我都有看到！」吵鬧一會兒後，幼幼對她母親說：「你說爸爸跟那個誰誰誰……」

被點到名的父親渾身一顫，終於從外太空被召回地球，不得已落地到女兒面前接受責難。

「那真的都過去了。」父親說。

「真的都過去了，爸爸現在沒有這樣。」母親也跟著說。

容我補充一下，他們仨說的是一段父親已停止往來的紅粉知己關係。

∴

「劈腿」與「外遇」儼然已成為現今常態。前些年，我接到精神科醫師朋友來電，困擾地表示他的門診快要被外遇患者塞滿，並且因罪惡感而產生身心症狀的女性比例逐漸飆高，顯示現代婚姻觀念與婚姻制度，造就出一堆不快樂的寂寞心靈。

曾經你以為找到「對的人」廝守終生，將保障一輩子幸福美滿；最終你卻發現，當你理解自己還不夠深之前，對婚姻的過度期待，將讓你因失望而感到寂寞。雖然已有社會政策提出，婚前需要有婚姻輔導，但其實婚前真正需要的，應是對個人「自我」的覺察輔導：不明白如何關愛自己的人，何來真正關愛他人？不懂得自己的人，何來真正理解他人？無法持續互相關愛和彼此理解的關係，又何以談得起天長地久呢？

幼幼的爸媽便是如此，他們都是在婚姻裡感到寂寞的人。

幼幼媽的外貌和身材都十分姣好，自然佔得優勢，在工作上交到許多異性朋友。幼幼爸看起來比妻子蒼老十歲，說他像妻子的爸都不為過，哪有自信扛得起太太的異性緣？但他起碼知道自己不能對太太說三道四，阻礙她職涯上的發展，「悶」的感覺就只能吞往心裡，漸漸地活成了那副靈魂漂流到外太空的模樣。

原以為自己一輩子就這樣過了，卻萍水相逢地遇上了一位談得來的女性朋友，但發乎情、止乎禮，每天走到離家好幾公里外的電話亭，只為和對方說上一席話……。這份真摯卻無法繼續前進的愛，在被太太發現後寫在日記上，成為偷看母親日記的幼幼口中一段見不得人的外遇。

「那不是外遇。」唯有聽到這兩個字時，父親會放大說話的音量。

「那就是！」對父親的解釋幼幼完全不買單，「那就是個賤女人！」

「你不要這樣說人家。」

「你看，他又幫她說話！」好不容易要恢復成人身的三歲幼幼，聽到父親的話，又退化成更年幼的三個月大嬰兒，激動哭鬧得滿臉通紅。

「嗯……」坦白說，這家庭張力大得讓我很難插上話，但總不能眼睜睜見那嬰兒持續凌遲自己吧？那雙腳用力跺在地板上，彷彿要把韌帶全都震斷。

「某種程度我可以理解你的心情。」我說，「但我又覺得奇怪，發生這種事，最生氣、在意的應該是你媽，可是你的表現好像你才是遭受婚姻背叛的那個人？」

「他是背叛我們！」幼幼激動地說。

「誰？」

「背叛我媽，背叛我！」

「你也是這種感覺嗎？」我轉向幼幼媽詢問。

她母親思考後說：「我沒有她那麼強烈的感覺，雖然我是生氣的。但坦白說，我確實覺得這沒什麼。」

「我是在幫你出氣耶！」幼幼愣了一下。

「只有這樣嗎？」我問幼幼，「或許你比你媽還生氣？」

∴

有人說，女兒是爸爸前輩子的情人。幼幼生命中第一個美好的記憶，便是騎在爸爸肩膀上，被捧得高高地看世界的畫面。

只是好景不常，學齡後的幼幼被診斷出第一型糖尿病，每日施打胰島素的痛苦取代了童真的歡樂。幼幼的父母因這種可能是遺傳而來的疾病，懷著對女兒的歉疚感，雙方都害怕是自己身上的基因，使孩子得一輩子與疾病共處。

愧疚感在他們身上以截然不同的行為來展現：幼幼媽變得嘮叨，對女兒的管束更多；幼幼爸變得沉默，不再能與女兒談笑風生。

說實在的，這個病幾乎在幼幼懂事前就跟著她，對她來說，打胰島素早已是如同刷牙般的日常，非常容易適應。但父母態度的轉變，日漸失去笑顏的家庭氛圍，對她而言才是踹在心頭上的痛。

所以當父母婚姻出問題時，她常覺得是自己的錯；就像爸媽也總認為，她的病是他們的不良基因造成的。他們變得不太敢碰觸彼此，因為擔心對方太過脆弱，會被不夠小心的魯莽對待給碰傷了。

然而，少了接觸與碰觸的關係，或許避免了可能的傷害，也削減了心靈靠近的可能。

最終，他們雖然是親友眼中的模範家庭，是抗病成功的經典案例；但金玉的外表之內，已如敗壞的棉絮，風輕輕一吹，關係就散了。

「唉唷，我怎麼可能真的離開家啦？」女兒好不容易說出心聲，幼幼爸嘆了口氣說。

「可是我知道你想。」幼幼反擊，眼看又要哭著脹紅臉了。

「你不要那麼激動。」

「你看，她就是這樣。」幼幼媽對我說，「她現在根本就是在虐待自己的身體。」

嗯？這母親怎麼總是話中有話，到底什麼意思呀？於是我問：「我感覺你對她有很多擔心，但她其實已經成年了。是什麼原因讓你對待她的方式，還是像對待個三歲小孩呢？」

支支吾吾地，母親才說出，幼幼非常喜歡熬夜看電視，還狂喝飲料，而這在糖尿病患者的生活中是不被允許的。

「之前，我就這樣看著她邊看電視邊喝飲料，然後眼睛就滴出血來。」幼幼媽說。

呃？眼睛滴出血來？我忍不住望向幼幼，看她垂下了頭，我才明白原來這種先天性疾病的症狀，並非我想的那麼簡單。

「所以你明知不可為，卻故意要如此嗎？」我問幼幼。

「反正他們都這樣了！」

「你的意思是，你根本也不是因為想喝飲料才喝，而是為了想傷害自己的身體所以這麼做？」

「我死了，他們就不用再這樣了。」幼幼哭了，但不再像個憤怒的嬰兒，而是個脆弱難過的孩子。

「我不知道你有沒有發現，你的時間好像一直停留在過去的某些時候？」

她淚眼汪汪地看著我，好奇我接下來要說些什麼。

「停留在三歲時和你爸的關係，最好他都不要改變，一輩子只看著你就好？」

她點點頭。

「也停留在十歲時，他走好幾公里去和別的女人說話。那個女人最好趕快死掉，省得你想到就生氣？」

她很用力點頭。

「所以即使你已經二十歲了，行為還總是像三歲……頂多十歲。」我玩笑似地說。

爸爸媽媽在旁邊聽著，不自覺地用力點頭。

幼幼媽還忍不住笑出聲來，「根本就不到十歲。」怕惹毛女兒，她小聲地說。

幼幼自己也不禁莞爾。

「OK，如果是不到十歲的小孩，常常會把爸媽想得太過脆弱，並且不太相信他們有自己解決問題的能力。所以你只要身體一直出問題，你爸就會因為愧疚而不敢離家，是嗎？」看氣氛有些鬆動，我鼓起勇氣一口氣說下去。

那對父母同時看向女兒。

「我就不會離開呀！」父親急著說。

「但我知道你想啊……可是我捨不得嘛！」幼幼的眼淚又如大雨陣陣滴落，口中唸唸有詞。還好，這次不再是咒罵，是傾吐心裡的失落。

不同於談到丈夫與紅粉知己關係時的冷漠，母親聽見女兒的心事時，表情才是發自內心的難過。

我也有點難過。這孩子祭出了自己的病痛和生命，來拴緊父母親的婚姻關係。在她過去二十年的人生裡，原來並不相信，即便父母之間的關係可能遠離，但她和他們的血緣之親，並不會因此而斷裂分離。

後記

台灣這些年開始跟上日本前些時日十分流行的「卒婚」，這詞顧名思義，指的是「從婚姻中畢業」——雖然不離婚、不分居，但各自過生活，不干涉對方自由的婚姻狀態。透過幼幼身上發生的危機，她的父母坦誠地面對彼此，並向幼幼說明他們關係所面臨的問題。當幼幼情緒逐漸恢復穩定後，他們首先以「卒婚」為默契。過幾年後，離婚成為他們的最終選擇，彼此也都有了新的對象。當然，父親身邊陪伴著的，是當年的那位紅粉知己。

至於幼幼呢？她之所以能夠漸漸接受這件事，是因為看見阿姨和父親站在一起時，父親臉上閃耀著她三歲記憶中的光芒。她對自己家庭下的結論是：「與其痛苦地抱在一起，不如快樂地好好分開。」

影像故事｜IMAGE STORY

改變與不變

換個角度看世界的勇氣

不同的位置，
看見不同的視野。

台灣東北角彷彿日本畫面。

不同的視角，
看見不同的視野。

不變的巷弄，
鏡頭拉高後，是一片開闊的眷村。

曾經的政治禁地，
現今的藝術廊道。

不同的時空，不同的視野。

改變，影響著不變。改變久了，成為不變。

改變的年歲，不變的親情。

日本南九州櫻島的黑神神社裡，被火山爆發的熔岩掩蓋的鳥居。

一成不變的生活中，
用點聰明的小技巧。

窗外，是景在動，還是心在動？
窗裡，鏡面反射出完整的窗。（信義經貿大樓）

調整自己位置，
思緒也許就會變得整齊。

左右光影相互交疊。因為內外光源相反，影子始得交會，彷彿生活中許多麻煩的交纏。

改變世界，
需要發揮一點特異功能。

換個角度看便能站立的倒影。

用一雙獨特的眼睛，
為心裡的世界上色。

我們或許改變不了過去，
卻可以改變，看待世界的我自己。

力求改變的澎湖南方四島東嶼坪和小琉球。東嶼坪嶼全島大約十五個居民，用一台發電機，一天只有一班船，是個羊比人多的島。

你可以選擇用一種中性的眼光，

看見變與不變，都可以是美好。

保留老建材的孔廟。

你看到幾間房子？

也可以選擇用一種傻氣的眼光，

倒著和近著看世界。

從「亂中有序」到「斷捨離」

房間亂過的人都知道，我們常常會這樣定調自己的小窩：亂中有序。

這是因為生活久了，東西累積得越來越多。原本應該一本本書背都朝前擺正，但書櫃終究不夠用，有些書最後就隨意疊得東倒西歪；原本衣櫃裡的衣服一件件都能整齊吊掛，但衣著越買越多，出門時間又趕，只好放滿床上、椅上，衣帽架上的衣物永遠比帽子多⋯⋯，最後成了一種生活常態。

我的衣帽架就是因為承重太多衣物，有一天只是加上一條小小的擦手巾，竟然整支架子就這樣頭重腳輕地倒地斷裂。那畫面有種無奈復可笑的卡通感，就像有個人吊在懸崖邊的樹枝上，命懸一線地等待別人救援，沒想到一隻蜜蜂嗡嗡飛來，停在這人身上，那根保人命的樹枝就這樣硬生生斷掉！

現在我房間裡的雙人床，因為睡滿了衣服而變成單人床，正往「衣物小玉山」的方向邁進。不得不整理了！我們都知道，人生總有一天要面對這些「雜亂無章」，不然它終究可能變成斷掉的樹枝，搞壞我們的生活，讓我們墜入無限焦躁的深淵。

整理空間的「過程」一向不容易，甚至讓人有些猶豫和煎熬：有些東西現在用不到，但總覺得未來可能會需要，必須要留下來；有些東西實在這輩子都用不上了，但因為當初買的時候很貴，又捨不得丟。

可是不得不說，我很喜歡整理房間的「流程」，常會從中看見過去的自己和褪色的回憶，反省著「過去的我到底如何造就現在的模樣」？也會看見許多曾發生過的小事如同蝴蝶效應般，我們總因為某個渺小的決定，轉動了命運巨大的齒輪。

或許正因為整理「空間」的經驗，促使我們也得整理一下「心靈」，而每次的整理就像經歷了一連串的斷捨離：我們得把不要的、不再用到的先丟掉，將東西變少，才有空間重新收納；就像我們也得把內在曾經不理解的、不想再承受的、不再需要的思緒拋掉，才有心思好好遇見從前的自己，裝進各種可能的未來。

轉移痛苦的行為

或許正是因為對「活著」有一個顯著的盼望與標準，
才會在現實與理想的裂縫中生出巨大的「痛苦」。

自殺傾向滿分的人？

可能是因為心太痛了，
才要在身體上割出這些，來轉移心裡的疼痛。

「自殺傾向滿分是什麼意思？」朋友要介紹阿龍給我認識之前，這麼問我。

朋友問得輕描淡寫，卻讓我這個心理學的「局內人」看見盲點。

是啊，一般來說，在大專或社區所使用的、經過統計信度和效度檢驗的心理測驗，大多屬於「自陳量表」：心理學家將某一種向度的心理議題，透過文獻探討和臨床經驗，編列出可以被大眾「自我陳述」的題目，再通過大規模的樣本測試與分析，找出測驗分數與主題之間的關聯，以達成心理學家評估人們心理狀態的目的。

問題來了：我們究竟該用什麼「因素」來判斷一個人的「自殺傾向」呢？

檢閱現今心理衛生機構所使用的評估量表，大多仍是以「憂鬱」或「適應」等因素做為判斷主軸，但是這真的足以用來解釋當代年輕人自傷率不斷攀升的現象嗎？

∴

與阿龍正式碰面前，我不曾知道他的全名，也從未見過他的樣貌，對他的生平和行為皆一無所知。

還記得那天，我匆匆推開餐廳的門，昏暗的光線加上馬路邊隆隆作響的工程車聲，混亂中我卻一眼就辨識出：坐在那裡的就是阿龍。於是我逕自奔向阿龍和他女友對面的座位，向眼前這名唇下耳上皆鑽滿洞的笑容靦腆的男孩，致上晚到的歉意。

見到阿龍後，我很快領悟之前朋友所說的「自殺傾向滿分」的意義：

直徑超過兩公分的耳洞（據說之前是四公分），渾身琳瑯滿目的刺青，以及袒露在手臂上、腹部以及身體各處的刀痕與結痂……

坦言之，阿龍根本是個不需要寫測驗就能用肉眼辨識出來的高風險當事人；然而，他卻有一雙清澈坦誠的眼眸，興致勃勃地描述自己的規劃：想透過藝術方面的專長，幫助那些與他同樣處境的人。

「我就是為了做這件事而活著的。」阿龍說。

我不由自主地盯著他手上一條條刻痕，突然擔憂他未說出口的心裡話是：「當我做完這些事，或許就可以不用再活著。」

他的未來，似乎建構在可以不再擁有的未來。

是什麼樣的背景脈絡，讓他成為一個可有可無的人呢？

∴

阿龍的家世原來十分優渥，他的父母親是事業上的夥伴，能夠在工作上長相左右的，該是十分令人欽羨的伴侶吧？但事實卻是，父親為了離婚，將財產都留給母親，現在也建立了自己的新家庭。

「淨身出戶。」這是阿龍的原話，也是他對父母婚姻的形容。對我而言，「淨身出戶」這個形容詞其實重於泰山。我之前第一次聽見有人這麼形容，是在描述自己離婚後雙手空空從家裡被趕出去的感覺；而從另一個角度來解讀，它也是一個人為了要離開婚姻，寧願從此一無所有的決心與魄力。

在這種決絕式的婚姻結局裡，或許身在其中的人，心頭都被劃下了深刻的創傷。

「但我可以理解我爸為什麼這麼做。」阿龍又說，替父母的行為說明了許多理由，言語裡盡是對父母的諒解與包容。

我才知道阿龍為了陪伴母親住在遙遠的地方，千里迢迢才來到市區與我們相會。然而當我提到他如此認真乖巧地關照父母時，他卻又忙著否認，彷彿與自己內在的真實還有隔絕。

有趣的是，阿龍一提到自己的事，卻是拿掉了包容接納，換上一副嚴苛的語氣，數落自己無法按照進度達成目標時，那種一事無成的感覺。而談到身旁的女友時，臉上又漾起幸福感：「現在知道有人愛我，就好很多了。」

好孤單的感覺呀。原來那些體恤父母的語言背後，竟藏著一份對於愛的強烈盼望。

愛，是什麼？

我在心理學浮沉多年後才明白，那是一種與人「連結」的感覺。

它指的，不是你在不在我身旁與我相處，而是你的心是否與我的心相繫在一起。

渴望愛的人，通常是缺愛的人。

很多時候即便我們的家人在我們身邊，我可以隨時觸摸得到他們的血肉之軀，但很可惜的，我們卻感受不到他們心靈的存在。

很多時候我們期盼的不只是被父母家人照顧好生活起居，而是能夠被他們深深理解。

就像為所有不明瞭的喜怒哀樂找到一個安放的位置，明白這世上有些情感是可以毫無條件的純粹。

可惜的是，大部分的我們，在原生家庭裡，大多渴求「愛」而無法獲得。

談到這個議題時，阿龍突然抬起雙手，掀開衣服露出腹部，展示那些凹凸不平的顯眼傷疤。這樣的傷痕在他身上大概有兩百多道，最嚴重時，還曾經送醫院縫過六十幾針，你可以想像，那大概是種拿著刀在自己身上胡亂切割的狀態。

「我在想，可能是因為心太痛了，才要在身體上割出這些，來轉移心裡的疼痛。」他有所覺察地說。

我也在想，那種心痛的感覺，大概是種什麼都留不住的「空」吧！同樣身為孤單長大的獨生子女，不知道為何，我也有點懂了：人與人之間如果血脈不相連，還有什麼能成為恆常的依靠？

「所以請讓我加入，跟你們一起創作好嗎？」阿龍說：「這是我一直想做的事！」

「那得要一直活著，才能一直做下去。」我說。

「好，我會活著！」

打了約定的勾勾，我心裡明白活著對阿龍而言是件充滿辛苦的挑戰。但因為生活中有了連結，產生了愛，心裡浮現盼望，不論多大的痛苦，內心好像都有了可以共存接納的角落。

看著眼前這個渾身傷疤的男人，我發現原來所謂「活著的勇氣」，不過是一種破釜沉舟的精神而已。
那麼，我們就一起去冒險吧。

EPILOGUE

後記

初見之後，我們一直和阿龍保持密切聯絡，而他也十分積極地參與我們的創作，這個「參與」包括坦誠地面對自己和自我揭露。與阿龍的相處讓我明白，心裡充滿痛苦的人，不一定只是憂鬱而已，還可能充滿著無窮的生命力。或許正是因為對「活著」有一個顯著的盼望與標準，才會在現實與理想的裂縫中生出巨大的「痛苦」；那個「痛」不一定代表「不想活」，反而，是因為「太想活」，所以心痛。

影像故事

IMAGE STORY

成長與印記

沉睡的童年記憶

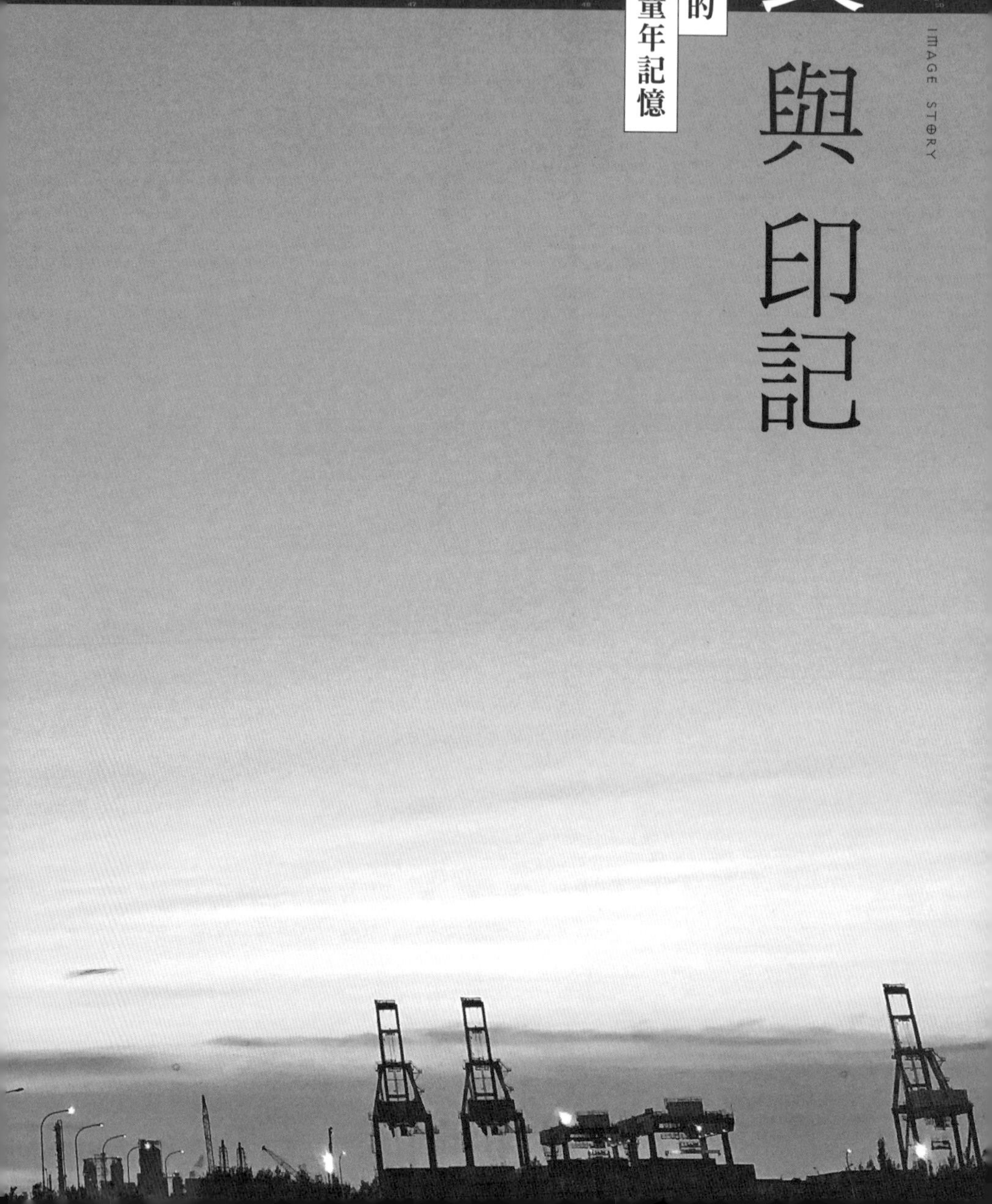

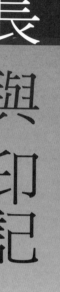

童年，

在許多人的回憶中沉睡。

有時歡樂，
有時痛苦，
有時危機，
有時只能面對。

它是框架、

規則和缺口所寫成的故事。

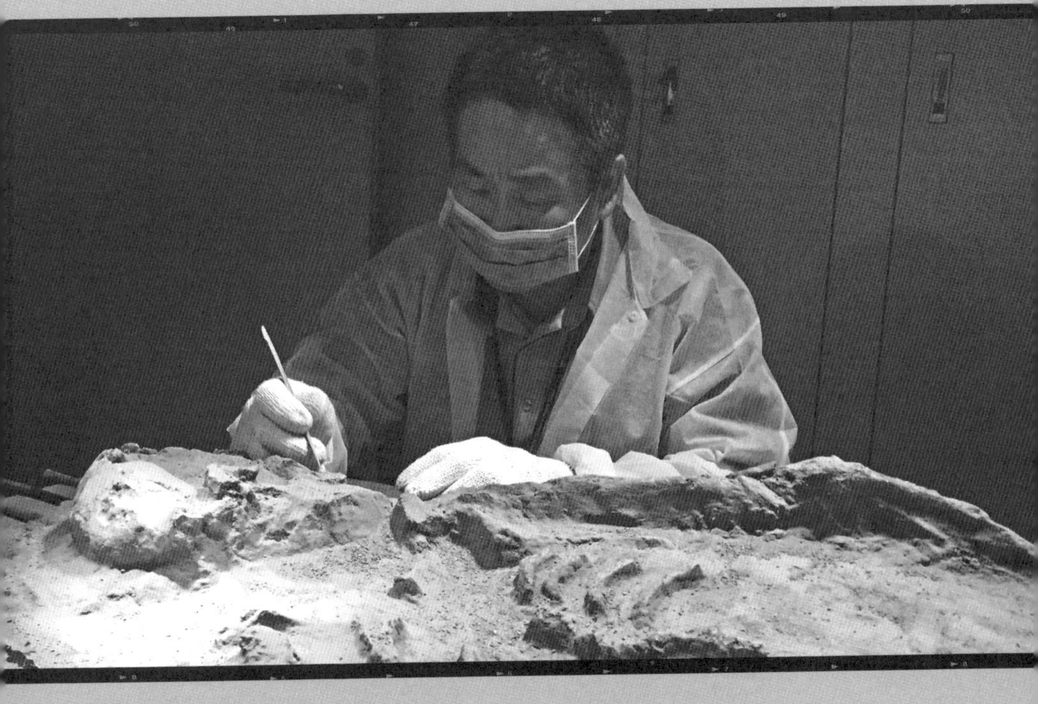

探索真實的自我，
如同考古。

經歷唯有自己明瞭的
未知與孤獨。

但最終，
我們將變得更完整，
不再怕痛。

何嘗不是為了好好活？

我有過幾次搬家的經驗，印象中通常都是家裡發生一些變故，例如從和父親同住，卻因為持續爭執而決定自己住；或是本來自己住，直到奶奶過世，不想讓爺爺一個人獨居，所以選擇搬去和他同住；又或是後來爺爺年紀越來越大，為了讓他就醫回診方便，就搬到離醫院較近的住處。

記憶裡，某次為了搬家，我在一個積塵已久的盒子裡，找到至今我依然珍惜不已的照片，那是我和媽媽唯一的一張合照。

漸漸懂事以後，曾有數不清的長輩和親戚們看著我說：「哇！你真的跟你媽媽好像！」他們都說媽媽是個大正妹、是個萬人迷，笑起來就像我的眼睛一樣，是彎彎的瞇瞇眼；說我的皮膚和媽媽一樣，又白又細又嫩。我聽了許多媽媽的形象，但從來不知道媽媽到底長什麼樣子？或者，我早已對媽媽的模樣模糊到沒有畫面了。

老實說，以前有一陣子心理狀態比較失落的時候，會在自己的愛情裡尋找媽媽的幻影；但弔詭的是，我沒有和媽媽相處過，當然不會知道媽媽的個性相貌，很多都是靠著想像組合出來的。那段時期，也憧憬在每個女友的媽媽身上，尋找和母親這個角色相處的感覺。似乎必須用這種方式，才能試著自我解釋，為什麼媽媽在我還小的時候選擇離開？

「渴望愛的人，通常是缺愛的人。」

或許長久以來，我不只是尋找母親的影子，而是試圖在人與人之間找回缺乏的愛。在我心裡，對母親的愛一直還空了個位置，以至於需要在愛情裡被滿足。但每次只要無法在另一半身上吸納更多被愛的感受時，我就會選擇主動離開，彷彿只是把愛情和女方家的親情，當成彌補自身匱乏的那塊拼圖。

這種無法回歸源頭的補償行為，終究也是一種對人生的殘害。

於是，我逐漸將親密關係中的補償行為，轉化成在工作領域上的動力。入行一段時間後，慢慢開始有點成績，對工作的熱愛也持續填補著心中那個缺愛的洞。

二〇一八年，我隨著國家地理頻道團隊，為「透視內幕：棲蘭秘境馬拉松」拍攝紀錄片。其中一位沙漠長跑選手，他是個澳洲人，為了因應各種諸如氣候等嚴苛條件的馬拉松賽事，他決定搬到蘇格蘭，在山徑裡練跑，企圖利用不同的地形變化來挑戰自己的極限。

訪問中他告訴我們，跑步是他追尋自我的方式；因為他的童年過得十分艱辛，當跑步時，他會不斷嘗試揭露自己以前的那些痛，將過往苦難的回憶重新想過一遍，做為支撐跑完越野馬拉松的動力。他從克服身體上的疼痛，學習面對和接受生活中的各種陣痛。

故事中的阿龍、長跑選手，或是我，我們在自身的經歷中，都會遇到許多困難和關卡。我們利用不同的方式來轉移痛苦；不管這些方式能不能得到他人的理解或認同，也許我們心裡都明白：這背後何嘗不是為了好好活？

當你試著面對且決心接受生活中的挑戰時，就有勇氣突破它。

裝出來的強

你看來令人害怕的外表下，不過就是住了個受傷的小孩而已。

原來家庭裡每個暴烈的人，都是用強烈的情緒在訴說自己內心的傷。

兩隻怪物養大的小怪物

那表面上看起來最可怕的，
其實不過是最脆弱的人。

人的一生是由許多角色堆疊起來的，而不管扮演哪種角色，都會出現所謂的「倦怠反應」。比如，學生有學習倦怠、上班族有職業倦怠，連經濟條件許可不需要工作生產的人，都可能發生「無所事事」的倦怠感。

剛入行那幾年，因為發現同業競爭與相互攻擊，即便在助人工作領域也會發生，我的內心時常瀰漫著濃濃的職業倦怠感。這種失望往往來自於我們對工作的理想化，倘若再加上工作壓力等心理負重，你可能會厭世地連正眼都不想去看自己的工作。

有趣的是，每當我陷落於這種狀態，總會在路上偶遇剛入行時陪伴過的學生阿草。

初次發生強烈的職業倦怠感那天，我萌生辭職念頭，魂不守舍地站在一間書局裡對著偌大書櫃發呆。忽然我感覺一抹身影從身後悠悠靠近，接著湊近耳邊對我說：「你是不是變胖了……」

我轉身，看見阿草鼻梁上掛著那副我曾經十分熟悉的深沉眼神。

不得不承認，他真是在專業工作上影響我最深的人。

夜闌人靜，心裡浮現出倦怠感時，你是否也有一個總會想起的身影？

∴

阿草之所以叫阿草，是因為他的眼神和膚色都帶點老屋裝修後的歷史感，看起來既不像年輕的大學生，又不像歷經滄桑的中年人；是介於中間的，既深耕於土裡又剛冒出新芽的一株野草，挖出土後全身灰濛濛的，好似挾著低沉的憂鬱。

被他的眼睛望著時，你會有點恐懼，因為他瞳孔裡帶著某種侵略性，令人感到坐立難安。

我的不安還是準確的。才第二次會談，阿草就誠實對我道出他內心洶湧的性方面的侵略意圖，只要望著身邊經過的、或者認識或者陌生的女性身影，他常常浮現難以遏止的性衝動。

這個話題拋出來後，彷彿一座沉睡多年的火山終於爆發，阿草對我傾訴越來越多無處可說的性慾望；接著他開始把這些內容描繪成畫，一篇篇地展示在我眼前。

他的語言和圖像越強烈，我越需要花時間消化。當年我才不過是個剛過雙十年華沒多久的年輕心理師，每當遇上與阿草會談的日子，我總會把自己關進廁所，緊拽著手希望倚賴思考來讓自己鎮靜下來。

會談更久之後，阿草極度暴烈的性衝動內容，開始轉成濃厚的罪惡感；他十分厭惡自己的衝動幻想，卻無法控制那些感受和蠢蠢欲動的行為。

「所以我想自宮。」他說。

我才知道他有搜集刀具的習慣。夜深人靜時他常舞弄著刀片，想像如金庸筆下的東方不敗，血淋淋地割去自己醜惡的慾望。

「或者，像我這樣的人，根本不應該活著。」他又說。

何以見得？我好奇。

「因為我是兩隻怪物養大的小怪物。」

∴

什麼樣的父母會被孩子形容成是怪物？

在我的經驗裡，大多和他們暴烈的情緒相關。很多時候夾雜著夫妻爭吵、家庭暴力，那些聲響往往如工程車般，在孩子心頭裡裡外外鑽出許多坑坑窪窪的洞。有些洞深不見底，彷彿往裡探頭就會不小心墜落；有些洞如盪滿迴音之谷，將那些傷人語言刻進孩子的內心深處。

還有些父母不自覺地使出「雙重束縛」：今天心情大好就對著孩子又親又抱，明天情緒低落卻又拒絕孩子的靠近與擁抱；孩子於是抓不住父母親的情感邏輯，弄不清對父母到底是遠離還是靠近的好？

「我爸媽好怪。」孩子們說。

對小孩而言的「怪」，確實如怪物一般恐怖。

阿草的爸媽是典型的怪物：感情不好，會摔東西，大吵大鬧。

阿草只要眼見父母之間氣氛不對，向身旁的妹妹使了個眼色，就會靜悄悄地拉著她的小手往房間裡躲。

鎖起房門後，阿草會用自己的手摀住妹妹的耳朵，試圖抵擋房門外那鍋碗瓢盆和菜刀剪刀相互碰撞的聲音。他從來不知道妹妹究竟聽見多少，但至少沒有人幫他摀起的耳朵，已經一字不漏地接收房門外那對夫妻嘴裡所吐出的狠毒話語。

「你他媽的怎麼那麼不要臉啊！賤女人！」

第一回合，爸爸得分！

「你才幹嘛不去死一死啊？沒有用的男人！」

哇喔，第二回合，媽媽隨即扳回一城。

「砰！」

那是大門被惡狠狠關上的聲音。

門框震動的聲響還未停止，空氣裡便會響起母親激昂的哭泣聲。

三，二，一……

阿草需要在此時透過倒數幾秒來調整自己的呼吸，確認自己臉上是鎮定的表情，接著放開摀住妹妹耳朵的雙手，佯裝出好整以暇的模樣，步入那條由母親的哭泣聲鋪成的安慰之路。

當還未成年的阿草的手觸到母親的肩膀，換來的是用力且充滿怨恨的擁抱。「還是我兒子最好。」母親會邊哭邊說著。然後捧起阿草年幼的小臉，母親在淚眼凝視的神情中，吐出那句響徹阿草整個童年的經典台詞：「我兒子真的好帥。」

什麼？

阿草說到這裡時，我內心的困惑感讓我完全忘了先前與阿草會談的不安。

我仔細端詳阿草臉上、身上的「老屋裝修感」，「沒有真的好帥啊」的念頭，如吃了誠實豆沙包般充斥我的心頭腦海，鑽進皮膚上每一個張開的毛細孔。

沒有真的好帥。

真的沒有好帥。

你媽是在哈囉（編註：網路流行語，亦即「是在做什麼」）？

不然給我看看你小時候的照片好嗎？

我幾乎耗費了全身力氣去抵擋想要說出真心話的衝動，因為我從阿草描述的眼神裡，看見的是一副再認真不過的表情。

不妙，阿草被他媽媽給洗腦了。

「所以我覺得超不公平的，我長這麼帥，卻從未談過戀愛，我們班那些醜男旁邊卻都有正妹相伴！」阿草悠悠地丟出這句話。

他剪斷了我僅存的理智線。

「這樣好了！不如下次帶全班的合照來讓我看看如何？看看到底誰有多醜？誰有多帥？」掛上親切卻不懷好意的微笑，我對阿草說。

他臉上露出燦爛的笑容，我明白那是一種「終於有人想知道我有多帥」的反應。

∴

那天阿草來得特別早。手上拿著一張……不，是好幾張，想讓我評估他到底有多帥的班級合照。

我接過他帶來的照片，一張張翻過，一頁頁聽他解釋。最後他手指頭落在照片上的一顆人頭，問我：「你看，是不是除了這個人以外，其他人都比我醜？」

我的視線從照片上的臉孔，移到阿草殷殷期盼的瞳孔目光。

「不！」直球對決，我的手指頭移向旁邊的另一顆人頭，「除了這個人比你醜以外，我覺得其他人都比你帥。」

時間在我們之間凝結成冰。

許久，沒有人說話。

連那次會談最後怎麼結束，都被我給遺忘。

人，有兩種自我。一是你想成為的，心理學上稱為「理想我」；一是你實際的樣貌，也就是「現實我」。

阿草，我的誠實，只是因為不想你繼續漫無目的地活在這兩個自我的巨大鴻溝之間。

請原諒我的誠實。

∴

他會來嗎？

經過「其實你不帥」的誠實表白之後，隔了一週，又到了阿草的會談時間。

我的心裡彷彿掛上許多巨大的笨鐘，滴答滴答地擔憂從此是否將與阿草失去聯絡。

就在整點時，一個看起來相當陌生的身影打開了我的辦公室大門。

咦？這誰？

我眨了眨眼睛。

粉紅色？

我的視線從衣服移至臉孔。是阿草沒錯啊！

之前每次總是全黑的他，居然穿了一身粉紅色，手上拿著兩本名字十分顯眼的書。

書一名：原來我不帥。

書二名：創造優質男。

我噗哧一笑，忍俊不禁地露出開懷神情。

阿草鐵青著臉看我。

我的誠實雖然引發他的不快與憤怒，卻除去了我對他的不安與恐懼，拉近了我與他的心靈距離。

阿草開始用另外一種語言來詮釋「怪物」這個名詞。他說，所謂的「怪物」，或許是「未經社會化的一種奇怪的生物」。

這話從他嘴裡吐出時，我內心充滿感動。這是我認識他一年來，所聽見最美的語言與詮釋。

未經社會化的奇怪生物，不就是「小孩」嗎？

親愛的阿草，此刻我們才終於懂得了，原來你看來令人害怕的外表下，不過就是住了個受傷的小孩而已。

或者，我們每個人的本質，都只是個受傷的小孩而已。

我們的爸媽也是，兩個受傷的小孩，養出了受傷的小小孩。

原來家庭裡每個暴烈的人，都是用強烈的情緒在訴說自己內心的傷。

∴

當阿草真正理解到自己的父母也曾是受傷的小孩時，我們已經進行了將近三年的心理會談工作。

他也理解到自己的胸口之所以時常掛著一只以盾牌為裝飾的項鍊，實則隱喻他總是扮演著要當拯救母親的騎士角色。

而一個盼望著要拯救母親的騎士兒子，又怎可能好好放手去談場戀愛呢？領悟至此，我看見阿草的眼眶裡落下和他這個人的形象絲毫不搭調的眼淚。

剎時間，過去那些把自己關在廁所裡抓破頭的日子，都成了值得。

我的心底被阿草這個人深深地刻下一句話：「那表面上看起來最可怕的，其實不過是最脆弱的人。」

在彷彿永無止盡的工作生涯裡，在每次的職業倦怠與自我懷疑時，這句話總讓我想起走進心理學專業的初衷和希望。

EPIL⊕GUE

後記

阿草畢業後，我與他斷聯了好長一段時間，但在我面臨專業生涯兩度嚴重的職業倦怠時，卻都奇蹟似地與他偶遇：第一次在書店；第二次則是我騎機車經過某條路時，看見他在路邊和一個女生牽著手愉快地聊天說話。那時原本因為工作委屈而想哭的我，邊騎車真的邊掉起眼淚，但那份哭泣最後不是因為委屈，而是因為感動。上帝原來用這種方式告訴我，不要輕易離開自己所熱愛的這一行。

猙獰與脆弱

你能認得多少面向的自己？

轉彎前，一片光明。轉彎後，深不見底的黑。

轉個彎，

便可能不明白了自己。

正如人心。

有時是自信，
有時是脆弱。
沒有人能永遠稱霸世界。

昔日，龍的傳人。今日，孩子的大玩偶。

有時好似跟著春夏秋冬
形成情感週期。

有時陷入深不見底的困惑。

有時在看不見的角落，
發現未知的面貌。

有時覺得孤單無人能懂。

同情，冷死的羊。歡慶，風乾的肉。那是人的猙獰，羊的脆弱。

有時放不下生命的起與落。

同情，無人島上冷死的魚。歡慶，遠洋漁船貨艙裡魚的冷凍。 那是魚的脆弱，人的掙獰。

英勇時。國軍部隊既是傳說，也能救人命。

但，領悟卻常發生在受傷後。

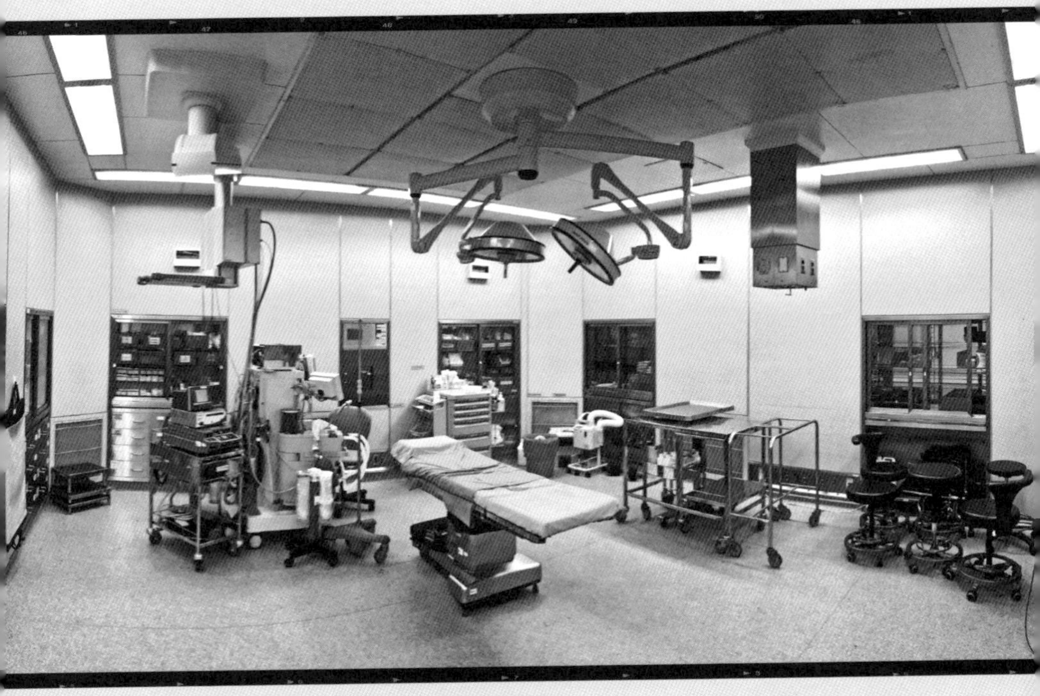

受傷後。院長的音樂廳，許多人的神經功能在這裡獲得重建。

在每個人生的缺憾中，

接納了光影共存的

不完美的自由。

可怕的人最脆弱，看來自由的人是孤單

我是隔代家庭長大的孩子，從小由爺爺奶奶帶大，一直到小學五年級才和爸爸、媽媽一起生活，喔！不是，是後母。但這樣的「完整家庭」生活只維持了一年，期間發生過各式各樣的衝突，我發現自己似乎只懂得當孫子，卻不知道怎麼當個兒子。之後，我用逃家的激烈手段向爸爸要求一個人住，就是從這時候開始，我渴望解放骨子裡的自由奔放，想塑造自己成為「像風一樣的男人」。

一個人的生活確實很自由，可以自己決定要做什麼、幾點上課、下課後要去哪裡。我從下了課必須東奔西跑各種安親才藝班接受管束的生活，成為對自己負責的主人：小事如簽聯絡簿、接學校的告狀電話，大事如國中基測後填哪間學校，都由我說了算。家長簽名、家庭聯繫電話全是我自己的筆跡和號碼，跟爸爸只有在要零用錢的時候才會聯絡，因為他忙著照顧新家人。

ＡＴＭ成了我和爸爸之間最佳的溝通橋梁！

我的「一人之家」，每個月總有幾天會變成同學們的「逃家逃學逃難收容所」：跟父母產生摩擦的、和兄弟姊妹吵架的、被女友拋棄的……，然後我們會一起做些蠢事來療癒自己。像是打電話訂披薩、炸雞送到班導家，隔天聽著老師氣呼呼地抱怨昨晚莫名其妙收到一堆食物時，我們就會開心地竊笑。當然，除了提供蠢事等服務，我也聽同學們訴苦，然後用一種超齡口吻說一些自以為是的道理和邏輯。

自己一個人生活後，獨處時間變多了，和自己對話的時間也變多了，於是變得喜歡靜靜觀察別人，分析對方的語言和行為；或許就是從離家開始，我的心靈跨越了身體的成長，成為一個超齡早熟的人。

如果「看起來可怕的人，才是最脆弱的」；那麼，「看起來自由的人，有沒有可能才是最孤單的」呢？

Symptom 6

失去活力

就像生命力跟著細菌一起被消毒噴霧撲滅了一般，
沒有情感流動的母親，通常也失去與孩子互動交流的能力。

無菌室裡長大的孩子

我真正該做的不是自我了結，
而是了結大人不願意自己處理的事。

天意，不可違嗎？

如果生死的期限是不可違逆的天意，我們該如何在看不見盡頭的黑暗中安適自己？

第一次看見默言時，我真心覺得這世上真有所謂的「天意」。

默言的膚色白皙，因此你更能看見她臉龐線條下的頸部，掛著一圈青黑的色澤，由中間顏色最深的黑色線條向外擴散，繞出一圈如繩索般的麻花。

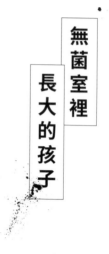

兩週前，默言上吊自殺未遂；此刻她正坐在我眼前，帶著被繩索勒緊過後久久褪不去的印記；她眼裡出著水，如湧冒不止的溫泉，落在地上形成眼淚的鹹。

「我們該從哪裡開始聊起好呢？」我問。

眼前的女孩卻依然靜默地落著淚。

據說教官先前已經問過默言兩個禮拜了：「為什麼要自殺呢？」她便是像現在這樣流淚而說不出話來。

但默言先前自殺的意願卻是極為強烈的。

她用繩索吊起自己，然後傳送簡訊請同學來幫她收屍；正當那頸上綑綁的力道讓她幾乎要香消玉殞時，繩索卻突然斷了，將她整個人狠狠摔到地上。

懸梁墜落的感覺，可是頭暈目眩吧？但默言掙扎地從地上爬起來，再次將繩索向上拋……

她二度企圖吊死自己，卻又在緊要關頭時，繩索再次斷裂。

默言仍不死心，拖著連番折騰後虛弱的身子，第三度拋出繩索……

頂樓的消防門卻在此時被撞開，收到簡訊的同學帶著師長們趕來，阻止了默言的自殺行動。

兩週後，她成了此刻坐在我眼前的這副模樣。

重度憂鬱症，是醫師給默言的精神診斷。

∴

重度憂鬱是一種失去活力的狀態。如同此刻雙肩頹喪的默言，滿面愁容，眼神彷彿定焦在其他星球，整個人有體無魂的模樣。而且就像教官說的，她什麼話也說不出來，就像個天生的啞子，可是成串如珠的淚水，你又可以體會她心裡藏有多少苦澀的心事。

說實在的，當時雖然我初入行沒幾年，但看過的「重症」案主也算不少了，加上天生愛說話的個性，口袋裡總是有許多能讓對方開口的錦囊。但遇上默言，我還真是一籌莫展，只差沒拿把老虎鉗撬開她的嘴巴，瞧瞧那被摁在肚裡的故事是什麼？

唉，我在心裡悄悄嘆了口氣，算是承認了自己的山窮水盡。

我放棄了想讓她開口的冀望，然後將面紙盒放進她視線可及的地方。

我望著她，也望著她眼前所望。

更貼切的描述或許是，我只能什麼也不做的，跟著她進入那個好似帶著情緒發呆的陌生星球。

流動在我們之間的情緒感染力還是十分強烈的。半晌，我感覺內心像是湧出了一條涓涓溪水，沿著空氣向前流動，將我和默言串連成小溪的兩頭。

接著她終於動了。她伸出手指頭，從盒裡抽出一張面紙，打開、攤平，對折、再對折，壓往自己臉上的淚水氾濫處。

一張，再一張。順便擦擦鼻涕……

咦？用過的面紙幹嘛不丟進字紙簍？

嗯？幹嘛攤開用過的面紙？

欸？她在幹嘛？

隨著她無聲的舉動，我的嘴張開成為驚訝的O型。

我的天吶！她把那些用過的面紙摺成了藝術品：這是玫瑰花，那是一隻美麗的鳥兒，那是烏龜，喔，那是金魚嗎？……

混著眼淚的素白的藝術品在我們眼前的桌子上逐漸成形。

「好厲害……」默言離開前，我忍不住發出真心的讚賞。

她停下腳步，動作很慢很慢的那種。

很慢很慢地，對我點了點頭。

∴

默言在我眼前，無聲落淚然後摺用過的衛生紙，已經超過一個月了。

因為她的淚水逐漸變少，所以用過的衛生紙也不再那麼多，可以盡情供給她創作。

於是我拿出紙張和畫筆，一樣推進她視線可及的角落。

於是眼淚停歇後，她開始拿起紙張畫筆。

第一張作品裡，有個美麗的花園。

第二張作品裡，花園裡坐了個美麗的女人。

第三張作品裡，樹上的毛毛蟲掉滿了女人的衣服，將她的臉扭曲成魔鬼。

這是誰呢？

「我媽。」默言說。

我看了看牆上的日曆。與默言認識兩個月後，她第一次開口和我說話。

默言說，打從有記憶以來，就知道父母感情不好。只是這種感情不好，不像其他同學家裡一樣，是吵來吵去、打來打去的那種，反而比較像用一種沉默無聲的方式在攻擊對方。

默言曾聽鄰居說，爸爸當年好像是被逼婚的，理由是必須依照習俗趕在外婆百日之內將媽媽娶進門。誰知生了孩子以後就像交差了事，爸爸在外面很快就找到新的生活和新的家，但媽媽又不肯離婚，最後只得落得夫妻分居、連朋友都當不成的下場。

約莫是困在一種遭背叛又不肯放手的糾結情緒中吧？默言沒有印象曾看過母親的笑容。

沒有笑容的母親，或者該說，沒有情感流動的母親，心理學給了她們一個名字，叫做「死亡母親」。

死亡母親這個概念，指的倒不是母親真的死了，而是母親缺乏情感時，通常也失去與孩子互動交流的能力。

想想，剛出生的孩子什麼都不懂，面對世界有許多恐慌，因此這些陌生的感受特別需要透過母親的情感加以回應。就像照鏡子一樣，孩子藉由這種與母親之間情感映射的過程，最終得以理解自己。

倘若母親無法扮演回應孩子情感的角色，孩子就像面對著一堵牆，只能把所有亂七八糟的複雜情緒硬生生地吞回肚子裡。

明白了默言的成長過程，我也終於懂了何以她的情緒總是無法言喻。

「現在想起來，也許我從來都覺得，自己的出生是不受歡迎的。」

∴

默言終於開口說話後，她便不再哭泣，而是開始一條一條地，釐清以往不明就理的家庭背景。

她去探望長年住在療養院的母親。現下的母親已經退化成沒有行為能力的嬰兒了，看到默言的到來，只剩傻笑而已。

母親當年還在家同住時，可是有嚴重的潔癖，每天照三餐都在刷馬桶洗廁所，就這樣度過一天的光陰。默言也被要求放學回家得馬上換下衣物，洗手洗澡，才能夠在家裡活動。

只是這樣嚴謹的生活也無法抹去母親腦海中對「細菌」的想像，她在自家玄關放了一台食品公司才會裝設的「自動噴霧消毒裝置」，要求默言進家門前都要先經過機器噴灑才得以入內。

默言的心跳聲，就這樣漸漸被湮沒在消毒設備啟動的聲響中，令她感覺不到自己活著的生理象徵，以及血肉的溫度。

就像無生命的食品罐頭，或其他更冰冷的物質。

在無菌室裡長成的生活，就像生命力跟著細菌一起被消毒噴霧撲滅了一般，沒有任何人能存活。

「就像他們早該離婚一樣，我就在想，也許我早該自我了結的。」

會談將近一年後，默言面帶戲謔地、皺著眉頭描述她將繩索拋向天花板前的心情。

「嘖，可惜繩子斷了。」我說。

她瞪了我一眼，「不是體重的問題。」

「那是什麼？」

「是天意。」默言從包包裡拿出一份文件，將它推進我的視線，「我真正該做的不是自我了結，而是了結大人不願意自己處理的事。」

她手上拿著的，是來自她父母的，一份遲了二十年的離婚證明。

默言說，用任何人的不情願、不甘心和不快樂所堆疊出來的，絕不能稱為「完整的家」。因為真正的家，不是一個要你委曲求全的地方，而是那個教你如何自由快樂成為自己的所在。

後記

夾在缺乏活力的母親和缺席的父親之間的默言，協助父母處理完他們的離婚手續後，開始產生一個新的人生目標：好好照顧住在療養院的母親。她的理由是，雖然自己的童年有很多缺失，但若能當個有缺失卻能夠付出的人，其實也是件幸福的事。

影像故事 — IMAGE STORY

頹廢後的生命力

陰暗角落的希望微光

樹梢的存在，
成就了光影。

殘破的童年，
造就了層次。

瓦礫廢墟中，
依然能長出新生命。

死寂的空間，
卻能長出蔓延的生機。

長崎原爆水池：右手指天，是原子彈之惡；左手平伸，是代代和平之盼。

有人的傷口，
成就了恆久的和平。

雙眼輕閉，是為逝者的祈禱祝福。

有人的犧牲，

寫成青史上永不遺忘的敬意。

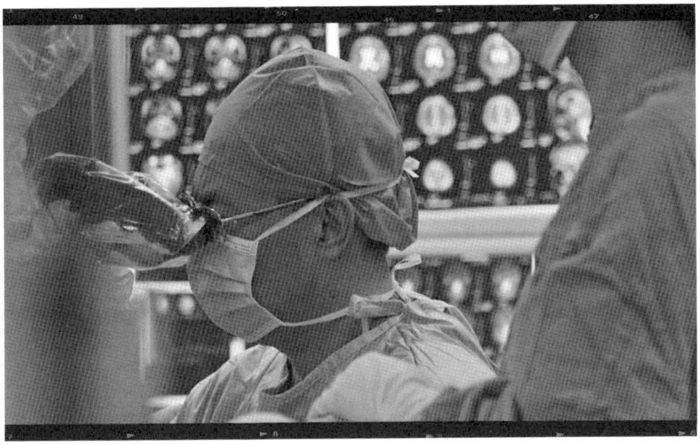

於是我們終能體會：

歲月靜好，

是因為有人負重前行。

有多想要，就有多自由

心室中隔缺損（VSD），是一種先天性心臟病。

簡單地說，就是心室中隔破洞，左心室血液會經過這個缺損流向右心室，使得左心室流進主動脈的血液量減少，而右心室的負荷量卻增加，患者將面臨高血壓和心臟衰竭的風險，因此需要做「開心手術」來修補。最適合動手術的年齡是一歲時，同時醫師會囑咐術後病患要盡量避免高強度運動。換句話說，襁褓中得到這種先天性疾病的孩子，等於被宣判一輩子只能在溫室裡長大。

「要動手術就現在做，省得再大一點有感情。」

這是爺爺在我二十歲生日時，轉述爸爸當時和醫生說的話。民國八十年，我出生四十天後，在那個醫療和科技不像現在這麼進步的年代，沒有微創手術、沒有精良的顯影技術、手術樣本數低，我動了幾場存活率極低的大型手術，就這樣被醫生在胸口留下一條像高速公路的疤。曾經我把胸口的疤當成無法抹去的痛，後來才明白，最痛的也許不是被刀劃下的傷口，而是那年媽媽的離家。

長大後，有一年我以病友身分受「心臟病兒童基金會」的邀請做一場演講。促成那次演講的緣由，是我為了潛水攝影的案子需要考潛水執照，於是在手術多年後，回到當年的醫院找醫師拿診斷證明書，證明術後情況良好，具備健康的身體狀況。當醫師知道我在回診前，已經順利下潛到海底拍攝一系列海洋故事，他的驚嚇大過驚訝：「怎麼可以這樣？我要把你的重大傷病卡收回來！」

我回他：「好啊！反正用不到，讓給更需要的人也好。」

不久後，我便收到這場演講的邀請。

走上演講台，我看見台下的聽眾大致分成兩類：一類是主治醫師、院長和護理師們，他們都瞪大眼睛盯著我，期待看到海底世界的模樣；一類則是病童和家長們。他們所透露出的眼神呢？似乎不是想要看什麼絢麗的作品，更像是期待我能說點什麼，能鼓勵他們對抗疾病。原本花時間準備許多自己喜歡的作品要來開箱的我，當下決定改成分享拍攝這些作品背後的生活。

「剛開始，家裡人是不准我游泳的。」

真的，就因為罹患先天性心臟疾病，我被迫接受許多特別的限制；當同學們上體育課在泳池裡開心玩水時，我卻因為禁水令，只能換上拖鞋、挨在泳池旁假裝自己也有參與。

周遭人的態度讓我明白，自己的人生似乎是由許多「特別不完美」所堆疊起來的。可是，難道我就該因此「特別認命」嗎？

於是某天體育課，穿著制服的我站在泳池邊，忽然我擺出助跑姿勢，大聲說：「我準備好了，一、二、三……」就這樣「砰」地跳進泳池中！

爺爺、奶奶在老師的通知下，只得趕緊幫我買泳衣泳具送來學校。雖然回家後挨了一頓揍，但那驚險的一天，卻成了我嘗試學習游泳和其他運動的契機。

回想年幼時的自己，雖然被醫師宣告手術成功，但這意味著從此就能擁有自由和快樂了嗎？事實是，胸腔手術的疤痕是我一輩子無法抹去的傷，媽媽的離開也是我一輩子得被迫接受的痛，這些都需要更多的愛來撫平，然後倚靠自己在人世間行走的每個決定，學習成為一個真正自由快樂的人。

我曾經拍攝過一個得到惡性腦膠質瘤的七歲女童，在動腦部手術前，她必須剃掉心愛的長髮。準備剃髮前，她還和媽媽在窗台邊撒嬌：「我不想剃頭髮……」一個小時後，她已在手術檯上準備打麻藥。

面對冰冷的儀器、不熟識的護理人員，她緊張地開始發抖落淚；我走近她床邊，將攝影機放下，掀起衣服，露出幼時心臟手術留下的疤痕。

「不要怕，二十多年前叔叔也經歷和你一樣的大手術，過程很辛苦，也好痛，但那會讓你成為更好、更健康的人。」

那一刻，我是一名攝影師，同時也只是一個普通人；這句話是一個人發自內心對另一個人的安慰。因為在那生命感到脆弱的時刻，她需要擁有更多的愛來撫平不安，拾起重獲自由快樂的機會和勇氣。

當我們發現自己很愛一件事情的時候，就會願意付出更多犧牲來成就它。你是否想過，自己到底有多愛？

Symptom

7

恐懼平凡

你覺得這世上有多少比例的大人，發自內心為自己的生活感到滿足快樂？

我只是怕，如果活的時間太長，會慢慢被同化成那樣的大人。

永遠與永恆的區別

我們可以選擇在最幸福、最燦爛的時刻結束生命。
將人生靜止在這種高峰狀態，
就是所謂的「永恆」了，你說是嗎？

不知道什麼時候開始，「永遠」變成人生中難以承受之重。

五〇年代的台灣，人們平均壽命不過七十歲，倘若你二十歲時選擇和一個人走進婚姻成為伴侶，大概過個四十年，就可以完成所謂「永遠在一起」的夢想。然而，當人類壽命逐漸逼近能夠突破一百歲的今日，年少時所說的「天長地久」，卻需要花上兩倍的時間才能達成。

對現代人而言，這到底是幸？或是不幸呢？

「人生的幸與不幸，應該是可以被自己掌握在手裡的。」聽到這種悲觀言論，千尋總是不以為然地持反對意見，「我根本不相信『永遠』這種東西，我們可以選擇在最幸福、最燦爛的時刻結束生命，不就得了？將人生靜止在這種高峰狀態，是謂『永恆』！」

那是一個陽光正好的午後，千尋是我在某堂課上認識的學生。她幾次和我相約午餐談話，都因為學期初排了許多會議耽擱而作罷，那天正好逮了個空檔，卻沒料到她才說出三兩句話，就讓我完全放下餐具，停下來想瞭解她的腦袋瓜。

「所以，你也不想活嗎？」

我和千尋認識的那陣子，校園裡剛經歷有同學輕生離世的事件。按照一般輔導的處理流程，諮商單位應該透過各種宣導工作和篩選工具，匡列受到事件影響的相關人等。然而，校園裡的心靈死角何其多呀！旁人看來笑容燦爛、卻已懷抱多年輕生意圖的千尋，不正是一個例子？

「以前啦……」千尋垂下眼眸說：「我就是蒐集醫師開的安眠藥，想要一次吞掉。」

我默默地拿起餐具繼續用餐。

某種程度我能理解千尋的心情與行為，彷如大四那年我自己也會做出這樣的舉動。

這種情緒狀態十分詭譎，但你往往無處可以訴說，可能害怕說出來嚇到別人，或被當成奇怪的人而遭群體邊緣化；殊不知當你年歲漸長，才明白原來當時有相似處境的人還真不少，而我們卻誤以為自己只是孤單一人。

∴

「所以年輕人到底為什麼不想活啦？」友人曾這麼問我。

檢閱近年來與年輕人自殺相關的文獻報導，除了台灣的青年自殺率不斷攀上新高，亞洲鄰近國家如日本、韓國亦是如此。日本雖然在政策制度下降低了人民自殺率，卻唯獨二十歲以下的自殺人口依舊在增加；而根據韓國衛生部統計，二〇一九年因自殺未遂和自殘送醫的二十四歲以下年輕人，已有將近萬人，較二〇一五年增加了約莫兩倍。

美國的青少年自殺率也不遑多讓，十年間飆升了將近百分之六十；自殺在年輕人死亡原因的排名已超過他殺，僅次於意外。其中，針對亞裔家庭的研究指出，背後可能的原因有二：第一，父母要孩子追求較好的就業前景，並可能要求他們因此而放棄自己的興趣；第二，則是一種對於求助的羞恥感，父母認為一個優秀完美的孩子理應有較高的抗壓性，所以若是讀書讀累了，多休息就好，尋求專業協助顯得太過嚴重了。

問題來了，時間都來到二十一世紀了，COVID-19也攻佔許多先進國家的首府證明人類的有限性了，這年代究竟還有沒有一個客觀的標準，得以用來衡量所謂的「優秀」與「完美」呢？

網路科技和NFT（Non-Fungible Token，非同質化代幣）已經逐漸改變佔有「實體」才等於擁有經濟財產的思維了，我們又如何能明確地判定，什麼叫做「好的就業前景」呢？

「所以你認為，我們這個年紀的人想自殺，是因為傳統的教育框架和包袱嗎？」聽我談起這些，千尋問。

「剛好相反。我認為你們當中有許多人，搞不好已經聽不進那些所謂『標準』的言論了。」

「是不是！」千尋的眼睛閃閃發亮，「聽那些話我會忍不住翻白眼。」

「但這不是另一種危險嗎？」

「嗯？」

「如果這世界不再有『好壞的標準定律』，那你們又倚賴什麼樣的信念過生活？」我說。

「我們沒有信念。」千尋的語氣中有點哀傷，也帶點玩笑：「我們是一群隨波逐流的漂流木。只有符合達爾文進化論下的『適者』，才得以生存。」

幾乎是同時間，千尋和我拿起餐具，低下頭扒起碗裡的飯。

「所以，將生命結束在最燦爛的時刻，不就是一種幸福嗎？」吞下最後一口飯後，千尋嘴裡吐出這句話，「我說了，這叫做『永恆』。人，可以自己創造『永恆』。」

「嗯……我覺得你講的『永恆』，跟我理解的不太一樣。」

「喔？」

「心理學上的『永恆』，指的是你不用做什麼，那個東西都存在。比如過世的親人，他不在了，但你總會記得他。」

「嗯……」

「還有，你今年才二十歲，怎能確定現在所經歷的就是『最燦爛』？通常總是有『更燦爛』的旅程在後頭等著，人生不是這樣的嗎？」

「可是我看周圍那些大人，不像是這樣……」聽到這裡，千尋露齒發出開懷的笑，「他們比較像是，把那些明明可以很燦爛、很深刻的情感，一點一點地分配給每一天的生活。所以每天的快樂和精彩都只有那麼一點點而已，用完就沒有了。」

「什麼？原來大人的生活在你眼裡是這麼悲哀呀？」

「啊不然勒？你覺得這世界上有多少比例的大人，發自內心為自己的生活感到滿足快樂？」

「呃……」

「我只是怕，如果我活的時間太長，會慢慢地被同化成那樣的大人。」

∴

望著千尋那悠悠的目光，我忽然想起童年時的自己。

每當翻閱老照片時，我看見爸媽相機按下定格的，總是那些堆滿笑容的、飛高高的愉悅畫面。但為什麼我心裡記著的，卻常常是爭執的、冷淡的、不愉快的畫面呢？

彷彿有過一段時光，我感覺父母的關係是沒有活力的，如同我見過的其他許多婚姻：總是其中一個人，想要牢牢拴住另一個人；而另一個人，卻想方設法地不被關係的枷鎖拴住。

孩子，因此常常成為被其中一方獻給另一方的祭品。特別是「母親」這個角色，當「有子萬事足」之後，就沒那麼多閒工夫插手管老公的事了。

所以傳統的成功男人背後，存在的往往不只是「一個女人」而已，而是「一對母子關係」。

或許這樣長大的我，也跟千尋一樣，害怕被同化成那樣的大人；那樣沒有活力、缺乏情感、失去夢想的大人。

那樣沒有好好示範給孩子看，何謂「快樂過生活」的大人。

「但是，把這些內心話對我媽說出來之後，我覺得好多了。」千尋托著她的腮幫子說：「雖然不知道我媽到底懂不懂我在說什麼，但光是把話說出來，真的就感覺好多了。」

我非常認同。

其實寫作之於我，便是一種能在紙上數落父母不是的療癒之路。然而，每每書寫過後便會發現，現實好似沒有記憶中的畫面那麼糟。

許久之後我才明白，這是因為「人」總是會改變和進化的生物。我們在變，父母也在變；而我們的改變，又持續推動著父母的轉變。

所謂的「成年之路」，或許就是逃脫不了要抱怨自己的原生家庭、抱怨父親母親；目的是透過這些埋怨、抱怨，我們得以回到過去，弄懂那些曾經不明瞭的人事物。

心理學說，這叫做「有療效的退行」。

很多時候，我們之所以還像個長不大的屁孩，原來只是透過這種方式，來讓自己有機會重新好好長大而已。

靠父母養大的自己，是個「小孩」；而靠自己養大的自己，則是真正的「大人」了。不是嗎？

後記

面對大學的迷惘時期，千尋選擇休學；休學那半年，她向母親傾訴了自己對生活的無望感，並且說出自己想自殺的念頭。我不得不向千尋媽媽致敬，在千尋的回顧裡，她用一種包容的態度面對女兒聽來怪異的思想。她沒有否定千尋的想法，只是陪她釐清那些思緒的內容，然後說了一句真心話：「你說的有道理，只是你死了我還是會難過，可能一輩子都會想念你。」越過母親的白髮聽見「一輩子」這個時間軸，千尋才第一次感受到所謂「恆長歲月」的概念。現在的她，仍在積極地尋找其他可以創造永恆的方式。這些方式裡，包括藝術創作。

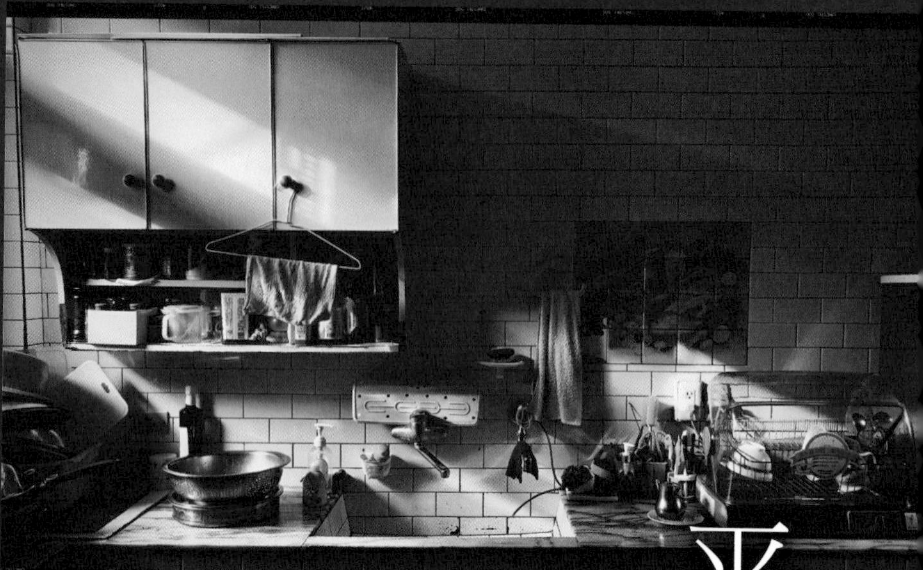

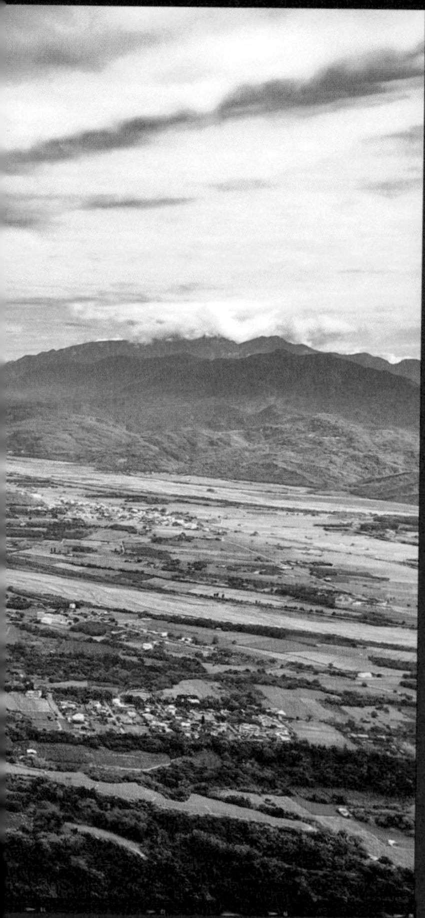

影像故事｜IMAGE STORY

平凡與偉大

平凡，但不平庸的那些角落

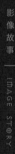

每天可以照到陽光的地方，

可以是平凡的廚房日常，

或是遼闊的山河風光。

鋼鐵能打造一艘船，
也能打造一座城市。

上海上音歌劇院。為了隔震，劇院建築浮在九十五支彈簧上；
廳內上方的天花板可以電子移動，根據不同的音樂風格和表演形式調節對聲學的需求。

調音是每天都得做的平凡小事，
卻成就表演廳裡的每場不平凡。

南法地下酒吧裡的樂手，

也可能成為音樂廳裡的表演家。

在戶外雨中跳著阿波舞的舞者，

也可能在戲劇院的舞台上閃耀風光。

山，每個人都能爬，
但只有願意攀上頂峰的人，
有機會看見世界至高的偉大。

平凡人，也可以不平庸地過生活

我一直都覺得自己很平凡，和其他人一樣，有時候很頹廢，可以不洗頭、沒洗澡，換了衣服直接上床睡覺，幻想只要換了內衣褲就是乾淨的身體，睡覺時在枕頭上鋪一條毛巾就是乾淨的頭。然而實情是，隔天早上不僅枕頭上的毛巾因為不斷翻身早就不翼而飛，枕頭還沾了些口水，睡衣也因為翻身裸露半邊，結果除了洗澡，又得洗衣服，還要換枕頭套和床單。

我也會在沒有拍攝行程和會議安排的日子，成天待在家裡，沒刷牙、沒洗臉，賴在床上一整天，用手機叫外送，有時候滑手機還會掉下來打到沒有立體感的鼻子而痛得要命。你看過聖誕節以外日子的聖誕老公公嗎?大概就是這副模樣。

等到外送員按門鈴，我連從房間走到客廳大門都嫌太遠，覺得跟扛著攝影機終於登上合歡山主峰一樣地跋山涉水、千辛萬苦。我很討厭運動，不喜歡流汗，卻喜歡像個爛泥般癱在沙發上，看著電影，手裡拿著零食、炸物或烤串。只有在那一刻，我才發現擁有了全世界的幸福。

你以為參與國際頻道、經常在野外工作的戶外攝影師，就很陽光，充滿活力？那是天大的誤會，因為我比許多人都還要懶。

然而，當我誠實面對自己，就發現我比想像中還要虛榮，或者說，比想像中還需要成就感。

那天，我和攝影團隊一起站上國父紀念館的舞台，說完得獎感言後，被帶到後台，沿路上所有經過的演員、主持人、導演無不道賀恭喜。其實早在走下頒獎台之時，我腦中想的卻是怎麼把這個獎座丟掉、忘記。因為對我來說，更重要的是怎麼才能拿到下一個獎項？回家之後，我便把金鐘獎獎座放在一個很難再看見的地方，封存起來了。

有些人支持自己往前走的動力，是生活中的不得已；也有些人是為了生活中的物質需求。而我，則是成就感。誠實地說，支持我活下去的是掌聲和鼓勵，剩下的堅持和毅力，也許只是成就感的副作用而已。

我可能不是那個最會拍的攝影師，也不太可能是那個最能受苦受難的野外影像工作者，但無庸置疑地，我是個為了拍到好畫面，可以將自己拋到九霄雲外的人。怕昆蟲飛舞、怕被蚊子咬、怕下雨淋濕、怕環境惡臭、怕髒、怕亂、怕麻煩、怕很多很多東西的我，唯有在拍攝的當下，我只在乎那個小小觀景窗裡發生的事，其他身邊任何事我一點都不在乎。盯著觀景窗內，我是那個小小天地裡，天不怕地不怕、無所畏懼的英雄。或許那一刻，我才真正擁有全世界？

正因為如此，即便做出卓越的成果，代表的也僅是作品本身，跟我這個人其實沒什麼關係。我只是選擇面對人生中所遇到的不完美，轉化成不同形式的情感，投入在作品中而已。

傷口即使癒合了，還是會有疤痕在，就看你怎麼運用這些傷疤。你可以選擇用來示弱或尋求安慰，但也有另一種選擇，就是讓傷疤成為自己往前進的動力。

小時候覺得咖啡很苦，從來不喝，長大之後慢慢接受咖啡，但會加一點糖，等到再大一些些，開始習慣不加糖，咖啡的苦味變得就像白開水般平常。所有的感受都是比較級；沒有苦難，哪裡來的甘甜呢？打敗大魔王才能配得起更厲害的武器，而那些傷痕和結痂，會讓你戰勝更強大的敵人。

也許你需要用新的事填補舊的傷，那麼記得，時常把裝備卸下，低頭看看自己的戰績，讚揚一下自己，再重新穿起裝備繼續向前。相信我，我很平凡，只是看起來沒有那麼平庸而已。

生活，就是需要刻意地讓自己對任何事物保持熱情和新鮮感。

如果常常覺得自己再也走不下去，那就試著張開翅膀，展翅高飛吧！

無法表達

當那幻想世界的綺麗，都排排站地等待被大人焚燒的同時，未來的世界還有什麼好期待的？

能跳舞卻不能走路的少女

父母們究竟是真的想要禁錮孩子的欲望，
還是害怕自己童年被禁錮的欲望，會因為孩子的真誠展現而再次蠢動？

你見過不會說話卻能唱歌，不會走路卻能跳舞的人嗎？

對，沒有任何生理缺損和先天疾病的那種。

不，他們不是裝出來的，請別用平凡的想像力去汙名化他們。

對，所以他們活得很辛苦，因為沒有人可以理解他們。

不，不用再送醫院了，照什麼儀器都沒有用……

對，這是心因性的疾病，但請相信我，他們的痛苦指數絕不亞於身體上的重大毀壞。

怎麼做才能幫到他們？嗯……多聽他們說話，少發表自以為是的評論。

呵，這說起來好像蠻簡單的，但真的不容易做到。

不然，姍姍就不會被送去住精神病院了。

∴

找不出任何診斷原因，卻不斷被送進醫院是什麼感覺？

自從雙腿無預警地癱瘓後，姍姍就一直在想這個問題。

現在走過來的，大概是今天輪到要送她去醫院看報告的師長A。你瞧他臉上那副不自然的笑容，想必在想，等下要說些什麼來安慰突然失去行走能力的學生。

姍姍露出乖巧的傻笑和A寒暄，畢竟她與A是目標一致的戰友，他們都希望待會的腦神經科報告上，可以出現如腫瘤之類的診斷，這樣姍姍就不用再花時間向別人解釋，為什麼她好端端地會變成這樣？

只有儀器檢查得出來的病，才能獲得大家的認同嗎？

姍姍心裡有些不安，她寧願自己得了絕症只剩幾天壽命，那麼好歹可以獲頒個悲劇女主角之名，但倘若今天再檢查不出病因呢？是否就要被列入「怪人」的黑名單了？

「嗯……報告看起來都正常耶。」

很遺憾地，腦神經外科醫師的結論，打碎了姍姍和師長A殷殷期盼的心。姍姍忍不住在診間放聲大哭，嚇壞了原以為自己在宣布喜訊的醫師：「怎麼了？沒有生病不是很好嗎？」

「怎麼可能沒有生病啦！」姍姍又急又氣。

「還是要轉精神科？」A說。

「我爸媽把我抓進去住過精神病院了啦，你們就覺得我是個神經病！」姍姍氣急敗壞地說，開始拉扯自己的頭髮……

最後，她被送到學校的保健室，留置觀察。

∴

我是在一個上午滿堂的課後收到通知的：

姍姍在保健室與人起衝突，被「退貨」等待送回寢室，但她的狀況又不能沒有人照料，所以派心理專業的我們去處理，似乎變成最好的選擇。

只是我那天連上四小時的課，早已雙眼垂垂且飢腸轆轆。想趕快和這樁緊急事件的事主約好時間的心情下，讓我沒有仔細閱讀姍姍的資料，就撥了她手機號碼。沒料到，電話另一頭的姍姍回應卻是這樣的：

「輔導中心？快點說好不好，我很餓！」

餓？你很餓？老娘飯都還沒吃就先打給你，你竟跟我說你很餓？

不過三五分鐘的通話時間，我和姍姍已在電話中形成對峙的槍戰，砰砰砰砰砰砰砰砰……。最後不知道我們是誰先擊斃了誰。「啪」地一聲掛上電話後，我的心跳快得彷彿要衝出胸膛。

周圍的空氣卻神奇地安靜下來，撫平了我腹裡的飢餓與腦中的浮躁；我靜靜地打開辦公桌電腦上姍姍的資料，詳讀她近期發生的種種意外事蹟。

方才電話另一頭那句「我很餓」的聲音，如打字機的鋼印鑽進我耳朵，在腦迴的深處留下昂長尾音。

「這原來是一個好有生命力的女孩呀！」的全新感受，取代了前一通電話的不悅。

我重新摁下電話按鈕，而那端的姍姍像是早也在等待似的，三響之內便接起通話：「你好。」判若兩人的態度。

「你好。」咦？我的態度也是一百八十度轉變。

我們順利約好了，明天見。

∴

為了使用者能夠方便進出，學校輔導單位和諮商室通常設在一樓，或是交通較為方便的地方。偏偏我跟姍姍約好的時間，場地全滿，只能另覓一處位於樓上數層的空間，做為我與她第一次會談的場域。

然而，要讓一個雙腳癱瘓的病人穿越那麼多層階梯，抵達最上層的空間，畢竟不是件容易的事。當姍姍出現在會談室時，正是動用了好幾名壯丁或搬、或扛，將她送上我面前的座椅。

我看著姍姍，閑靜的臉龐、有禮的微笑，身上和腿上蓋了件大地色的毯子，沐浴在從玻璃窗透進來的陽光下。她外表看來是個乖巧的孩子，卻病懨懨地，不見那天電話裡的暴衝與活力。

哪個才是真實的她呢？

在姍姍開口說話的前三十分鐘，我幾乎因沉思這個問題而鮮少發言。而且說句老實話，姍姍當下的談話內容真是有夠無聊，通篇皆是「以後我會乖」這種概念的大道理，實在很難引起我的專注。

難道，兩個面向都是她的真實嗎？

如果現在說話乖巧的這一面，連結的是病懨懨、沒有可以站起來走路的力氣，那麼，說話暴衝而有活力的那一面，會怎麼樣呢？

想到這裡，我再也聽不下去姍姍所說那些冠冕堂皇的話了，硬生生打斷她彷彿早已鋪排好的發言。

「在剛剛的半小時裡，我聽你說了好多，你怎麼努力想配合別人、當個乖小孩的狀態。」我說。

姍姍很快地閉上嘴巴，安靜下來，眼神墜入一股深不見底的黑。

「但我在想，有沒有可能你將全身的力氣都花在要去配合別人，特別是你的父母，以至於你便沒有力氣可以走路了？」

依照我過去的經驗，這種偏向深度同理的語言，姍姍不是應該要有點動容或有點情緒反應嗎？但此刻，她頸部以上卻掛了一張「大臭臉」，一副不以為然的模樣。哎，我也只是跟著當下的狀態表達自己的感受和想法而已，待會要怎麼收拾才好？

我還在低頭思考，面前的姍姍所在處卻發出椅子摔落的聲音，哐啷哐啷！

她幾乎是用盡吃奶力氣般地開始對我飆罵：「你們自以為是……」「你們什麼都不懂……」

我睜大眼睛看著姍姍。

她居然站起來了。

姍姍順著我的視線望向了她自己的腿。同時間，我們一起發出尖叫。

姍姍那天「被人扛著上樓，自己走著下樓」一事，很快地傳遍校園。大長官笑呵呵地把我叫到跟前，說：「原來講話會使治病，愛毋愛來開一間醫院？」

誠實以對，和姍姍的初次談話確實為我的專業生涯帶來莫大的效能感，彷彿見證心理治療至高無上的力量。但靜下來仔細思考卻感到悲哀。如果一個人的癱瘓可以透過「表達」而好起來，那她先前該經歷過多少「無法表達」的日子呢？而我們的社會，以及生活在社會中的我們，又做了什麼，才造就出一個讓人無法表達以致產生身心症狀的環境呢？

∴

依照姍姍的說法，她是一個典型的好家庭所養出來的小孩。

所謂「好家庭」指的大概是：父母雙全，擁有收入穩定、受人尊重的「師」字輩工作，並且十分在意孩子的教育過程。

只是，現代社會變遷那麼快，這個年代還存在的工作項目，不知道有多少還能在二十年後的那時被保留？但現下大部分父母的教育和教養觀，卻往往仍保留二十年前承襲下來的傳統，很少有人願意隨著時代的轉變，去檢視那些觀念裡的陳舊，是否還適用於當代的年輕人？

或者，跨越「適用與否」這個問題，我們是否曾經想過：拿舊時代的觀念框架套用在現代年輕人身上，有沒有可能像唐僧在孫悟空頭上施起緊箍咒，令他們頭痛欲裂、掙脫不得呢？

據說，緊箍咒那段咒語，是由六個字組成的：「唵、嘛、呢、叭、咪、吽」，背後隱藏著「出淤泥而不染，濯清漣而不妖」的期待。簡單來說，便是要孫悟空走出欲望和心魔，提高自己的修為。

姍姍說，她的父母大概也是如此期待。小時候她是個好動的孩子，特別喜歡跳舞，對周遭人事物的敏感度強，常常生氣或哭泣……，但這些在她的家庭裡往往是不被允許的，取而代之受父母肯定的行為，則是寫書法、背英文和靜心。

這真是蠻有趣的，讓我想起社會上有許多孩子是在這樣的家庭長大。然而，心理諮商領域有一項稱為「跟進」的技術，告訴我們的卻是：「緊緊跟著對方的狀態和步伐。」我對這項技術的理解是：當眼前這個人好動的時候，你要跟著他動，以協助他理解自己好動力量的源頭；而當眼前這個人乖順的時候，同樣也得採用溫和的態度，來幫助對方理解這種乖順背後，是否意味著失去活力？

有多少父母能夠明白這個道理？抑或只是刻板化地抑制好動、強化乖順呢？「難道一定要清心寡欲、不哭不鬧，才能當個好孩子嗎？」姍姍問。

我無言。心裡升起一個好大的疑問：人，要面對自己真實的欲望，為什麼這麼難？

父母們究竟是真的想要禁錮孩子的欲望，還是害怕自己童年被禁錮的欲望，會因為孩子的真誠展現而再次蠢動？

對姍姍而言，不被認同的情緒、想法和欲望，如同對她這個「人」本身的否定。當那幻想世界的綺麗，其實都排排站地等待被大人焚燒的同時，未來的世界還有什麼好期待的？人，又該拿什麼樣的盼望，來面對悠長的歲月之河呢？

「嗯……當你這麼說的時候，我認為某種程度你也發現，你的幻想世界還沒有被大人給全數焚毀。」我說，「或許你之所以不能走路，也是為了要禁止自己去做他們不想你做的事。」

「嗯。」

「那個事情是什麼？」

「我想去街頭跳舞。」

「這有什麼問題嗎？聽起來還不賴。」

「裸身跳舞。」

「嗯……」

早期做諮商的時候，我有種自己老是在跟學生的父母唱反調的感覺；直到今日我卻明白，或許「父母」才是世界上最喜歡和別人唱反調的生物。他們會用過去吃過的鹽，來評價現今孩子吃在嘴裡的米；他們可能早已看見孩子的真實樣貌，卻沒有勇氣給予衷心祝福。但不怪他們，因為從小到大，他們可能有更多落空的期待和希望，是不曾被人看見與滿足的。

那麼，何不透過現下這一代的年輕人，把父母和父母的父母們，被禁錮許久的自由給解放出來呢？

當個不夠安靜、心有所欲，有時甚至會大發脾氣，卻十分明瞭自己所作所為的人；當個雖然會闖禍，但願意負起責任好好收拾局面的人，真的有那麼糟嗎？

∴

姍姍將自己身上的肉色布料，彩繪成七彩炫麗的模樣。是裸身，又非裸身。就像遊走在社會價值的邊際之間。

那是一個十分臨時的計畫，觀眾也唯有三三兩兩，但她的男友自始至終都站在舞台的邊緣，為她的身影拍下各種美麗的畫面。

她跳得香汗淋漓，腳下沒有一步是靜走。有時是恣意地撐開雙腿，彷彿對乖乖合攏雙腳的古老禁條表示抗議；有時是個迴旋飛踢，像是叫那些讓她不要隨便發脾氣的人閉嘴……

那是她唯一一場舞碼的「公演」。之後，她確實可以走路了。

我們沒有人知道，當初的癱瘓究竟如何發生？

但我們懂得了，不一定要有診斷，也可能找出解方。

後記

畢業後，姍姍找了一個不需要待在台灣的工作，那原是她父母嗤之以鼻、覺得她此生不可能辦到的遙遠夢想。直到她離開台灣前的最後一次談話，我才對她當初「癱瘓」的這件事故有了更深的認識：或許不能走路，是因為她潛意識裡明白，如果要滿足父母的期待，她得要用這樣極端的方式，才能將自己留在父母身邊。雖然我不曾和姍姍的爸媽談過話，但我始終相信，他們寧願擁有的，是這個可以行走到天涯海角自力更生的女兒。

彆扭與灑脫

重新執起，當小孩的機會與權利

老鷹高高山上飛，
蝸牛慢慢田間爬。
每個人，都會找到最適合的地方。

台北城的燈火下，有隻樹蛙將百貨看成尋常人家。

夕陽入景後，攝影團隊收工要回家。

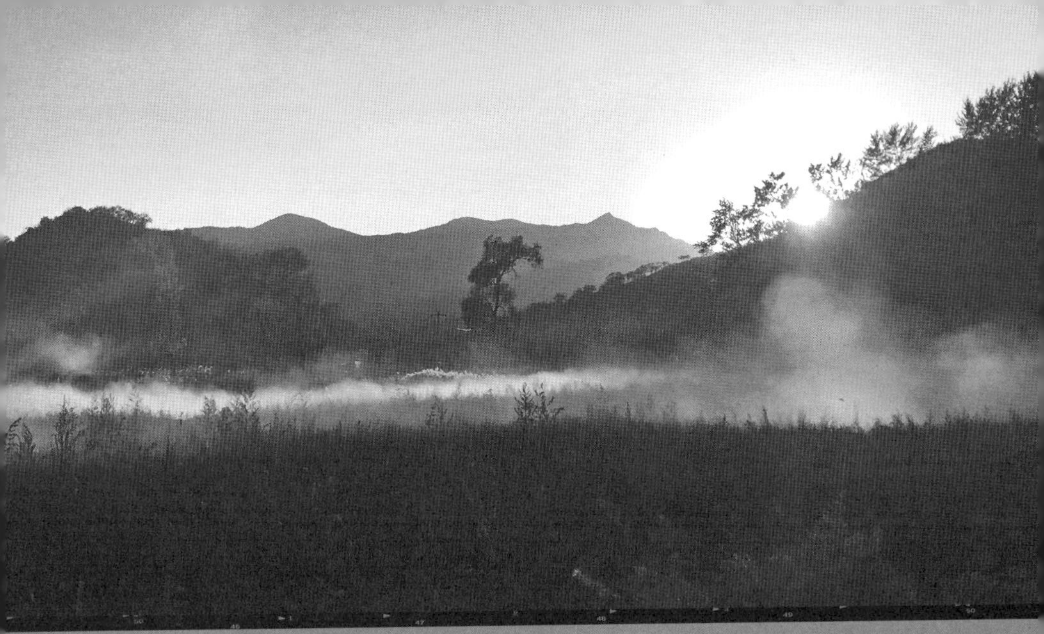

陽光，從最遙遠的地方，
一路、一路、一路……
照進你所在的地方。

只要你想要，
哪裡都能看見它。

隨心所欲，
看你想看，做你想做，去你想去，
即便只是慵懶而無所事事的自己。

因為這狀態，
是為了——內在的小孩。

沒有當夠小孩的人，
也往往當不好一個大人。

如果你是個沒有當夠小孩的大人，
又有什麼理由放棄
隨心所欲的機會與權利呢？

關於「彆扭」這種角色設定

我是獨生子，這個角色設定除了經常得一個人生活，需要自己解決各種問題之外，往往沒有太多學習的對象。沒有範本可以參考，也沒有大數據資料庫可以分析，所以電影裡的英雄、科幻片裡的未來人、動畫裡穿著奇裝異服又會講話的動物，都是我的模仿對象。

小時候每次只要遇到問題，通常會得到「小孩子有耳沒嘴」的回應，所以平常我總是非常安靜。但不要誤會，我真的不喜歡安靜，或許就是個還沒有發瘋的瘋子，或是先暫時把心中那頭野性獅子關在籠子裡。接著我的內心小劇場裡的角色會輪番上陣，「24個比利」？也許一點都不違和。比利們各自擔綱不同性格，拼湊出更大的故事。

從小學習社交的對象都是長輩，所以原有的幼稚靈魂被禁錮了？本來應該埋藏起來的古老靈魂不斷被放大後，在外人看來就像是得了「中二病」的患者，常常覺得自己和別人不一樣，除了格格不入感之外，也有一股莫名的驕傲和自信。有時覺得彆扭，有時又能灑脫，若要形容自己的內在，或許就比電影「分歧者」更加分歧吧。

以前闖的禍永遠都是同齡中的第一名，現在看來，小時候經歷的重大手術，實在不影響瞎鬧惹事的火力展現。我們家的家庭教育，其實有點像放風箏，而我就是那只一直飛在天上的風箏，得以釋放天性，但闖禍的時候依然有條線會把我收下來，一陣懲罰之後，又再飛回天空。

面對懲罰，我也很自得其樂，被打的時候我會跑起來給長輩追，或是運用跆拳道或柔道技巧，把長輩的「處罰武器」反手拽到自己手上，再以迅雷不及掩耳的速度跑掉。記得有一次，我硬要從窗戶爬進房間，父親就懲罰我重複爬窗二十次，我立刻開心又興奮地說「好！」，最後我做了三十次……

我的那些無端生事、製造麻煩、無理取鬧，也許都是一種武裝，幻想這樣的武裝可以掩蓋過去的遺憾。曾經我以為努力就能改寫未來的命運，為了逃避過去的缺憾，只好戴上面具掩飾自己的過往，用盡一切力氣把自己推離從前的創傷。現在才知道，昔日殘破不堪的自己，其實永遠無法抹滅，甚至是書寫精彩的現在最寶貴的資產。磨難和創傷，都能使自己成為更強壯的人。

你只需要隨心所欲地綻放自己，成為綠葉中的一朵孤挺花，即使闖禍，也有能力一肩扛起。

Symptom 9

罪惡感

發生了什麼，讓他「不能」過好生活？
他眼淚一直流，每一滴宣洩的都是他無法承受的罪惡感。

沒有資格快樂的人

是無力承受的罪惡感，轉成了對周遭「大人」的憤怒與不信任；
說不出口的理由，讓他看起來像個無理取鬧的流氓，
卻不知我們只是共同承擔那真正的加害者所創造出來的傷。

學生上課睡覺，當老師的該管嗎？

如果把這個問題丟給S校的師長，他們大概每個人都會搖著頭、舉雙手反對：「別管呀！千萬別管！」

因為在這個不再講求「尊師重道」的社會，隨便管學生的閒事，極有可能會惹禍上身。王小暴的國文老師，就是一個活生生的例子。

說起王小暴，原本是大家眼裡的好學生：頭腦聰明、用功上進，又有信仰做為心理的支撐，整體而言，完全不需要父母師長擔心煩惱。只是，自從王小暴開始談戀愛、交女朋友之後，一開始還好好的，到後來行為卻越來越脫序：不只上課不再專心聽講，還動不動就趴下來睡覺，睡到打呼流口水，彷彿在挑釁師長，一點兒禮貌都沒有。

那天，教國文的詹老師實在看不下去了，在王小暴鼾聲大起時，走到他身邊輕敲他耳朵貼合的那片桌面：「同學，不要再睡了，去洗把臉。同學……」幾聲呼喊後，詹老師終於止住王小暴的陣陣呼聲。王小暴皺了皺眉頭睜開雙眼，露出瞳孔四周佈滿的血絲；當他將被壓在桌面上泛紅的左頰抬離桌面時，一聲吼叫穿出他的喉結，在教室裡形成一聲巨響：「吵屁啊你！」

王小暴用一種凶狠的眼神瞪著詹老師，彷彿就要出拳將老師給逼到牆角。身旁的同學見狀，趕緊以肉身將王小暴和詹老師分開，沒想到王小暴卻憤怒地抓起教室走廊的滅火器，要往老師身上砸去。

「你不要這樣子啦！」王小暴的女友發出哀求，一副要急哭的模樣。

女友的聲音好似將王小暴從方才白日打盹的夢境裡拉回。然而在下一秒的瞬間，眾目睽睽下，王小暴卻將手中的滅火器往自己頭上砸……

救護車很快趕到學校，將王小暴送往醫院。

傷癒出院後，王小暴不太願意再去學校；於是在朋友的牽線下，我成了那個受他父母所託，到家裡探訪他有何心結的人。

∴

那是座落於台北精華地段的老宅，房子的外觀看起來有些歷史，公設處掛著的畫仍看得出住戶的講究；梯間則是剛整理的門面，用一副拉皮過的臉孔，轉動著齒輪啪達啪達地將我送上王小暴家的大門。

前來開門、穿著優雅的女性是王小暴的媽媽；面對我這個初次拜訪的陌生人，她的行為舉止顯得十分得體且落落大方。

在玄關卸下鞋子的我，抬頭便望見牆面上掛著的全家福照片，畫面中的小男孩顯然便是童年時的王小暴，搭上點綴在旁的獎牌獎狀，閃耀著光芒似地展示他／它們平常所受到的重視。只是照片上的男主人關在深木色門的書房裡，令人無法核對他的臉龐，是否如妻子般禁得起歲月的風霜？

「不好意思，我先生工作比較忙。」朝那片深木色門喚了幾聲卻得不到回應的小暴媽，掩不住臉上一絲悻悻然；但看見跨出房門的王小暴時，又隨即換上一副過分寵溺的神情。

微笑的母親和乖巧的兒子，多麼美好的畫面！若非王小暴頭上還綑著層層醫療紗布，我都要懷疑自己為何要來打擾這家庭的寧靜？

「那我不吵你們了。」終於意識到我的尷尬，小暴媽溫柔地說，然後踩著優雅步伐離去。

母親才轉身，乖巧的兒子面對我的臉孔轉成挑釁。

他開門，我進門。

他坐回被窩裡，繼續埋首手機遊戲。

我呆站在原地，因為這房間凌亂得太不合理。

四處散落的衣物、棉被，數不清的洋芋片空袋、飲料罐，隱約可見成隊的螞蟻如翻山越嶺正在搬運；而這房門外的區域卻自成一個結界，在母親所管轄的範圍裡，這髒亂彷彿絲毫無法越界。

「我的天呀！你和你爸媽住在同一個家的兩個世界。」我忍不住邊走邊看邊驚呼，這一門之隔差異之大！

王小暴發出笑聲，停下手邊動作說：「你確定，只有兩個世界？」

「不然呢？」

他與我四目對視，眼神裡絲毫不見大學生面對師長時的羞澀或畏懼，但那神情並不能稱之為勇敢，反而像是有滿腔怒氣，終日燃燒不盡地化作目光裡的熊熊火苗。

他在氣什麼？我心裡想。即便對初次見面的我也如此不友善，是因為我的身分是「老師」？還是因為我的身分是「大人」？在他的世界裡，那份怒氣究竟是對誰的？

「你那什麼表情？現在是在同情我嗎？」他指指自己的額頭，「如果你是為了這個來的，那就不必，你可以走了！」

「你只說對了一半，你爸媽找我來，確實是為了那個。」我指指王小暴的額頭，然後跨過垃圾堆，搬了一張椅子在他面前坐下，使我們的視線得以平視，「但坦白說，那並不是我關心的重點。我現在比較好奇的是，你到底在凶什麼？」

「你滾啦！」王小暴皺了皺眉頭，對我咒罵了一些話。

「所以我說，你到底在凶什麼？」

「我凶你媽的自以為是啦！當老師了不起喔？」

我沉默，繼續聽著王小暴連珠炮似地轟炸難聽的話語，只能偶爾在他罵人的間隙，插上一句：「我們才第一次見面，你到底在凶什麼？」

依照心理學的觀點，激烈高昂的情緒通常會在二十至三十分鐘後慢慢消退，因此當面對他人的負面情緒時，倘若你能保持心情穩定地熬過前二十分鐘，將迎來對話的可能性。

王小暴便是如此，二十分鐘的咒罵後，他顯然有些疲累，語氣也不似開始時那般激動，況且他怎麼都無法從我這裡獲得除了「你到底在凶什麼」之外的回應，只好碎嘴了一句：「幹！你白癡喔？」就漸漸閉上了嘴巴。

我順著王小暴的視線看向他手機上的大頭貼。

「這是你女朋友嗎？」我問。

「前任啦！」他說。

「那為什麼前任女朋友的照片，還貼在現在的手機上？」

「甘你屁事啊？」

「你剛剛一直自言自語，我就不能自言自語喔？前任女朋友貼現在手機，不就是心裡還沒分乾淨的意思？」

「唉唷，你懂屁啊？」

「不然你在生什麼氣？是你對不起她，還是她對不起你？」

「幹！」

「幹嘛？」

「你真的很盧欸！」

「我都來了，啊不然勒？」

王小暴煩躁地嘆了一大口氣，把纏著紗布的頭埋進枕頭裡。

空氣終於安靜下來，剩下時鐘行進的聲音。

「聽說，頭上的傷是你自己砸的。」我說。通常安靜後，就有機會慢慢說話、好好說話。

他無語。對我而言這是好事，起碼不用擔心被他的咒罵聲惹毛。

「對老師生氣、把自己砸傷、又對我凶得要命，我猜你心裡可能很多生氣。」當我說話時，一排螞蟻正從我腳邊經過，看得我渾身發癢，「然後你房間又亂得……嘖，無法形容，讓我覺得你過得並不好。」

「我為什麼要過得好？」

「雖然你媽看起來，很想讓你好好過生活。」我又補充。

「可能因為大部分的人都告訴我，他們想過好生活。」

他又發出笑聲：「那是別人。」

「所以你不想？」我問。

「為什麼要想？」

「還是你不能？」

他語塞。

「所以你是『不能』過好生活？」我又問。

他眼神裡的火，滲進了深藍色的水。看在我心裡，體會到的是：眼前這個大男孩的憤怒裡，夾雜著濃烈的哀傷。

「我關心的是，發生了什麼，讓你『不能』過好生活？如果砸破頭也無法讓你解決那些事，你願意說一說嗎？」

面對憤怒，只能等待；面對哀傷，則發邀請。

∴

當王小暴願意開口後，我卻沒料到那背後的哀傷比我想像得還要沉重。

首先是他的女朋友，原來是某起宗教性侵案件的受害者之一。對王小暴來說，原本該宗教的領袖是他和她心理上的重要支柱，甚至是感情鬧彆扭時，協助他們調停衝突的長輩。在這起事件被揭發前，小暴完全沒料到，原來女朋友被找去「宗教輔導」時，受到的竟是性方面的折磨與傷害。

「我甚至在想，有沒有可能是我們感情不好的時候，她去找他輔導，所以才會遇到這種事。」講到這裡，小暴又激動地要抓破自己的頭，「我一想到她受那種罪，我就根本沒有臉再活下去。」

「所以你跟這事件有關的事，都只是聽別人說、聽報導說，而不是聽她自己跟你說？」

「她就只會哭啊，我怎麼還能問她？」

「那有沒有可能是，她也覺得你很難承受，所以才沒辦法跟你說？」

「我・真・的・很・難・承・受。」王小暴幾乎是咬牙切齒，一個字一個字地吐露，眼淚跟著流了下來。

哭吧。我心裡想。

可以哭出來就好了。

我的眼淚也跟著他流了下來。

真的是種心好痛的感覺，關於年輕女孩遇上了這種事。

我試著把這種心痛感乘上一百倍，卻發現不管過去曾經累積多少諮商經驗，還是無力抵達他們心痛的境界。

哭吧，哭吧。他眼淚一直流，每一滴宣洩的都是他無法承受的罪惡感。是無力承受的罪惡感，轉成了對周遭「大人」的憤怒與不信任；說不出口的理由，讓他看起來像個無理取鬧的流氓，卻不知我們只是共同承擔那真正的加害者所創造出來的傷。

我所能做的只有陪伴。陪伴他傾倒出這些卡在心頭上的青苔，長出一點清澈透明的力量，去陪伴他想要陪伴的愛人。

∴

我輕輕關上王小暴的房門，看見小暴的母親踏著小碎步急急奔來；她身後的深木色書房門已開，敞露出一個在黃光下低著頭閱讀的男人。

「我兒子怎麼樣了？」母親迫不及待地發問。

男人翻頁的手停了下來，我想那是他拉長耳朵，在關心房外的我們的對話——用一種屬於傳統父親的表達愛的典型方式。

「他還好。」我真懷疑自己是否在說謊，這麼沉重的秘密，何以忍心讓那對生活和自我都極度自律的父母親得知呢？況且我才剛知曉，母親眼角那道連妝都掩蓋不住的血痕，是前幾天他們夫妻倆為小暴的事起衝突時，被父親情緒衝動下用高爾夫球杆給砸出來的。想到這裡，我將小暴的秘密往肚子裡嚥得更深一些，只簡單回答：「他應該會回學校上課，但我跟他應該會再約一些時間多聊聊。」

「喔，那就好。」聽到兒子願意回到生活常軌，母親明顯鬆了一口氣，房裡的男人也重新移動翻頁的手。

嗯，其實真相是，小暴不是自己來和我聊聊，是要帶女朋友一起；但他身為一個超過二十歲的成年人，這確實是件不一定得讓父母知道的事了。

EPILOGUE

後記

小暴、他女友和我一起進行了數年非正式的會談工作，後來他倆結了婚，仍互相陪伴地克服那些外在侵害對親密關係的傷害。如果你參與過性侵害受害者的心理治療，便會理解那些暴力與違背意願的加害，將如何扭曲一個人的安全感和對人的信任，這些都需要仰賴長時間的自我修復和他人陪伴，才得以逐漸康復。

承擔與原諒

有人在為你承擔，
有人在尋求原諒

影像故事 | IMAGE STORY

海上、天上、地上，
皆有人為你負荷。

雲裡、樓裡，

皆有人為我承擔。

平日裡，你身邊總有人，
擔起了你所有的朝朝暮暮。

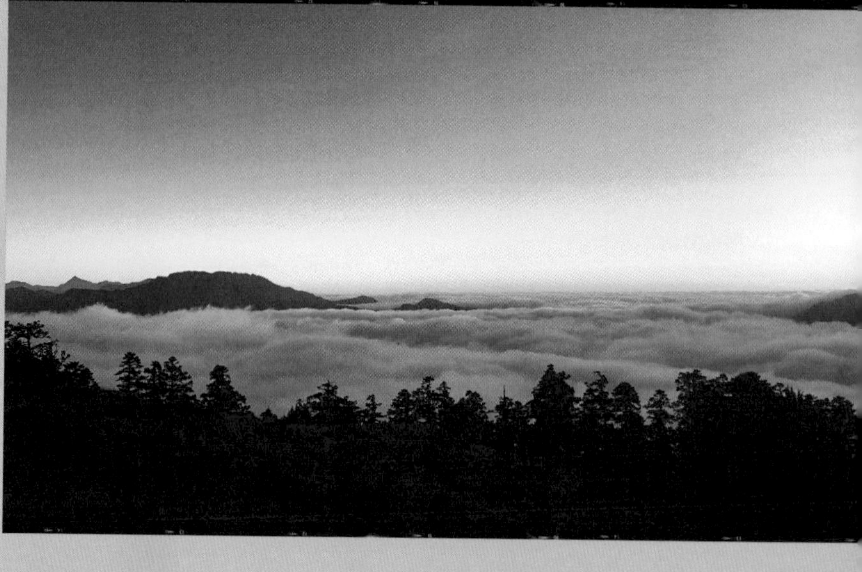

即便是颱風天，
也有座護國神山，
保住了雲海、湖川和朝陽。

酒釀辣椒150
豆豉辣椒130
蒜味辣椒130
豆豉小魚140

還有些世間萬物，

承擔了滋養人們的任務。

於是，人間有國，也有家。

而我們最好的回報，

是在心裡安一個家。

尋找快樂的那把鑰匙

什麼樣的人有資格享受快樂呢？經濟條件極佳，又生活無虞的人？父母健在，又剛好家庭和樂的人？出類拔萃，又事業有成的人？

曾經，我也覺得所謂的「人生勝利組」才有資格獲得快樂。如果以這樣的條件來看，我可能一輩子與快樂絕緣。

一個人避開自己的真實感受，會變成什麼樣呢？

曾經我就和小暴一樣，總是透過憤怒和脫序的行為來表達情緒；在我還不夠懂事的時候，真的以為在大人的世界裡，唯有透過憤怒才能解決問題。因為在我的印象中，僅剩不多的家人很少在我面前表露生氣以外的情感，只要事情不如預期，他們好像從來不會失望、難過、悲傷，就只有憤怒而已。

「轉念」這種事也不容易做到；沒有兄弟姊妹的我，哪能奢望與誰對話來尋求轉念？

至於「哭」這件事，對我來說就更難了。失戀的時候嗎？開玩笑，「男兒有淚不輕彈」這道理大家都知道，更何況何必為了一枝花而放棄整座森林？挫折喪志的時候？也還好，睡一覺起來，隔天往往又是一尾活龍。

當你的世界只有孤單一個人，輕易落淚似乎顯得太過懦弱又太過矯情，因為我一點都不想引人同情。小時候，有次我在學校受人欺負，回家後急著跟家裡人說，期待他們能到學校討公道，可是聽到的回應卻是：「是不是你先調皮？」「是不是你先捉弄人？」

自從我發現，吐露委屈反而會先被檢討後，就再也不輕易示弱了。

這樣的情況一直持續到那件事發生。那是一個高中生需要上課的平日午後，我向全世界假裝生病，請了一天病假，拿著自己的身分證和戶口名簿，到住家附近的戶政事務所去。

「我要申請我媽的戶籍謄本！」我一副理直氣壯的表情和櫃檯人員說。

「同學，你要幹嘛？」戶政人員似乎覺得我不該在這時間出現在這裡。

「我要找我媽。有身分證和戶口名簿，又是親屬本人來，應該有權可以申請吧？」我開始有點不太耐煩。

那時我覺得自己就像「超級星期天」節目裡，執行艱難尋人任務的阿亮哥一樣。沒過一會兒，櫃檯人員將一份戶籍謄本交給我，然後說：「加油！」

我皺了皺眉頭，抓著文件就往外跑，躲進電梯裡後，我掉下了眼淚。為了找親生母親，我假裝自己生病需要請假，假裝自己理直氣壯，才敢做這件本來就該做的事，沒想到反而得到一個陌生人的鼓勵……

依據戶籍謄本內容，我循線找到一個地址，也知道她已經有新的家庭。但我依然騎了幾個小時的機車，在她家附近徘徊很久，猶豫著要不要按門鈴。

很可惜，不是每個故事都有完美的結局。

我並沒有按下門鈴，而是在心中許下願望：「我要當個沒有資格停下來、但永遠快樂的人。」

對我而言，某種程度，我已經承擔了上一代留下的包袱，也原諒了一切該放下的，甚至很感謝大人的世界教會我的事。剩下的，我只想讓自己在職場工作上變得更卓越，在專業領域中成為佼佼者，從拍攝工作的成就感裡找到快樂的泉源。因為，我想讓「她」有天想找我時變得更容易些。

回想起沒有按下電鈴的那一天，我明白了：人生需要解決的問題有很多，每個問題都通往一個寶藏；而她，就是我生命中最大的寶藏。

失控感

當我們覺得世上所有人事物都無法被自己所控時，我們還能做些什麼來排遣焦慮呢？

拒絕營養的身體

她們會有那麼多的情緒，是因為不曾好好面對過，有些關係早已完結，只是自己還沒勇氣寫下「完結篇」的落款而已。

你相信嗎？食物，其實是人類最好的朋友。

打從「體重計」被發明以來，因為出現了體脂肪率和胖瘦標準，很多人便不想面對自己對食物的感情。但仔細想想，在那些個壓力破表的週末、關係失和的夜晚，當我們覺得世上所有人事物都無法被自己所控時，我們還能做些什麼來排遣焦慮呢？

吃。

是的，就是「吃」。

古人說，「民以食為天」。而現代人呢？則是「心倚食為靠」。

青春期開始，食物就是大寶最好的心靈依靠。

那年，約莫是在大寶國一的年紀。某天父親與母親大吵之後，便收拾行李離家出走，從此消失在母親的配偶欄上。

大寶永遠不會忘記當時母親臉上的猙獰：扭曲成一團的眼耳鼻舌，明明是想說出挽留的心情，誰知吐出她嘴的卻只有「有本事死去外面不要回來！」這種決絕的話語。

「你這麼凶，誰敢回來呀？……」念小學的妹妹在旁偷偷自言自語，大寶只得趕緊捂上她的童言童語。

「媽媽以前不是這樣的！」大寶反駁妹妹的無知，翻開媽媽的衣櫃拿出年輕時的新娘照，照片上的白色紗裙，將母親微笑的臉龐烘托得如同身後張有翅膀的天使。

「但她現在就是這樣啊！從我認識她開始，她就是這樣！」妹妹不以為然地看著大寶，彷彿教她看清現實。

現實是什麼？真相又是什麼？到底是誰、是什麼，把那個微笑如天使的母親，變成現在這副猙獰的模樣？

∴

當混雜的家庭問題進駐大寶內心後，每當外在環境讓她感覺到壓力時，她便覺得身體裡的五臟六腑錯位崩解，好似一股悶熱的火在胸口燒啊燒的，眼看就要把她這個人熔成一攤灰燼。

她試著運動、沖冷水澡，也試著看書、聽音樂……，都無法有效化解這種焦慮感。

某個失眠的夜晚，大寶起身喝水，站在冰箱前竟感覺一股衝動如大浪襲來；她蹲下身子開始翻找冰箱裡的食物，水餃、蛋糕、可樂、雞塊……

她彷彿一隻亟欲吞掉大象的貪食蛇，將眼前所見的食物都狼吞虎嚥地掃進嘴裡，像在參加一場獨享但必須限時完成的私人宴席。

然而，當她生理上已飽足到再也吞不下東西時，她會突然驚覺原來自己剛剛的進食量，不合理地彷彿她得了失心瘋。

她的心窩裂開一個洞，裡頭爬出扛著「罪惡感」的小蟲子，密密麻麻地攻佔她身心靈的每一處。

怎麼會這樣？

好丟臉！

噁心的感覺襲上心頭，讓她衝進廁所裡，伸出手指頭死命摳往喉嚨深處。催吐。食物嘩啦嘩啦滾了出來，掏空她已經夠空虛了的心。

「飲食性疾患」，這是臨床上給大寶的診斷。

一般來說，這種病分成兩大類，其中之一便是大寶所罹患的症狀，我們稱之為「暴食」。簡單來說，暴食症者會無法控制地吃很多，爾後又因為這種失控的進食而感到羞愧；他們會擔心體重的問題，但吃進去的食物都被催吐出來，所以不一定會發胖，有些人反而因此體重過輕。

飲食性疾患的另一種類型是「厭食」，聞到食物的味道就自然感到噁心，所以當然無法順利進食，體重不只會明顯下降，身體功能也可能因此退化，比如失去外顯的性別特徵、女生會停經等等。

由於暴食的狀況，大寶的體重一瀉千里，瘦了個不成人樣；幾年下來，這個狀況不僅沒有改善，還越來越嚴重。終於，在她大學將畢業這年，營養不足所引發的昏厥，驚動了她的母親。

算算時日，這已經是大寶爸媽離婚十年之後了。個性叛逆的妹妹原本決定跟著爸爸，但因為爸爸有了新對象，又將妹妹送回媽媽身邊。直到上大學的年紀，妹妹索性離家獨自居住，決定和父母雙方都老死不相往來。

直到大寶昏倒送醫的此時，媽媽和妹妹這對好久不見的母女，終於因姊姊的病再度聚首。

∴

坐在會談室裡，我看見大寶領著一位個兒挺高、頭髮花白的女士，和一位長捲髮的女孩，一起走了進來。

這應該就是媽媽和妹妹了吧？

還來不及開口打招呼，平常動作緩慢優雅的大寶，卻逕自坐上了三張空椅子的正中央，身手之矯健簡直不像平日的她。

中間的位置被佔去，自然地，隨後進來的母女只能分別坐在大寶的左右兩側。有趣的是，不知是不是太久沒見面了，不曉得怎麼和對方說話？或是遠離太久了，有滿腹的話想和對方說？此刻我們明明該談的是大寶的病情，但我才剛開口問：「怎麼看姊姊現在的狀況？」左右兩邊的母女竟不斷地搶奪發言權，好似透過大寶生病這件事，來數落對方的不是。

「我媽在家裡可能就是給她很多壓力……」總的來說，妹妹的意思大概是這樣的。

「你就是太久沒回家，根本搞不清楚狀況……」而媽媽表達的，大概也就這件事。

夾在兩支雷射槍中間的大寶，就這樣乖乖地、如同陶瓷娃娃般地坐著：三分之一椅面，一字型嘴角彎成新月的微笑，交疊整齊放在腿上的雙手，幾乎不會眨動的眼睛……

唯有聽到哪一方的火力過於猛烈時，大寶會將自己的身子微微靠往另一側：

「她剛剛的意思是說……」

宛如一個稱職的傳聲筒。

所以我是這麼形容她們母女三人的：「一個心裡有很多生氣的母親，一個對母親的生氣有很多生氣的小女兒，和一個想讓大家都不要再生氣的大女兒。」

她們不否認這種形容。

「重點是，你們知道彼此各自在生什麼氣嗎？」

母親和小女兒互不相讓的吵雜，忽然被安靜無聲所取代。

我看見大寶輕輕挪動她的臀部，往椅子後方兩三公分處靠坐。

「要不……這裡再擺張空椅子吧！」大寶說，「給我爸的。」

什麼？

我狐疑地搔搔頭。你爸不會來吧？我們明明聯絡不上他。

「我知道聯絡不上他。」大寶說。

呃……我明明也沒問出口，你通靈嗎？

「其實有沒有聯絡上他都不重要，他是死是活也不重要，重點是他還活在我媽心裡。」大寶又說。說完這話，她身子完全靠坐在椅子上。

睿智發言！我好想起身鼓掌。

「你這樣說，是要我請張天師拿把桃花劍來斬斷這孽緣嗎？」母親在旁翻著白眼說話。

「我覺得姊姊說的完全正確。」哇喔，了不起，小女兒終於願意叫姊姊了？我剛剛一度以為你們是三個陌生人呢。

誠如每個團康活動都需要暖身，家庭治療於心理專業而言，也是個需要花時間破冰的過程。

很多時候，我們身在家庭中，明知有什麼樣的問題存在哪些陰暗角落，但為了保護家裡的成員，或為了怕其他人承受不起，我們選擇沉默不說。最常見的例子，是家庭裡頭有人過世的時候，明明大家的心都一樣難過，卻要怕引起別人難過而隱藏自己的難過，以致全家人無法互相擁抱、共享悲傷，學習共同承擔那些對彼此而言都十分難熬的時刻。

「獨自承受」這種信念，聽來好似一種不需依靠別人的優秀特質；但許多家庭裡原本可以充分流動的愛，卻被封鎖在這種強迫自己要堅強的狀態裡。

「其實我和姊姊一直都知道，離婚對你來說打擊有多大。」妹妹說。

當大寶的身子不再直挺挺地卡在媽媽和妹妹之間，遮去她們對彼此的視線，妹妹才開始能夠直接對母親表達她心裡的感受。

妹妹語畢，大寶用背部的力量將自己的椅子往後推。此時她和媽媽、妹妹之間的關係，從一直線變成一個微微隆起的三角形。

「你離家對我的打擊也很大。」媽媽說，身子轉向了她的小女兒。

「因為你很恐怖。」小女兒也轉向她的媽媽，「你離婚後一直喝酒，喝完就打我們。你還會狂搖姊姊的肩膀，揍她、捏她，說她為什麼長得這麼像爸爸……」小女兒說著也哭了，「你知不知道這樣我們很害怕……」

我看見大寶臉上僵硬的表情開始展現柔和，因為過度用力形成緊繃的一字型肩膀，也逐漸垂下產生鬆弛的狀態。

我想她的壓力並不僅止於母親的情緒，而是來自如何守護剩下來的家人；當妹妹離家時，那份守不住的焦慮，轉成了自我懲罰式的暴食。

我忽然覺得，那些深夜埋頭在冰箱前面痛苦進食的身影，背後確實藏著很多傷痕，還有很多愛。那些傷與愛，都是十年前那個男人離家時，她們不曾好好對彼此傾訴過的。

這天，我和她們三人在會談室待了好長一段時間。

從二十年前，十年前，數年前，慢慢談起……

好多的辱罵，好多的眼淚，好多的控訴……

直到她們離開會談室，我覺得渾身的骨頭都快散了，力量都用盡了，但心裡卻有一種「完結」的感覺。

原來，她們會有那麼多的情緒，是因為不曾好好面對過，有些關係早已完結，只是自己還沒勇氣寫下「完結篇」的落款而已。

那天回家之後，我睡了幾乎一整天，睡得超香、超熟。

聽說她們也是。

∴

「哎唷，最近體重不錯喔，數值看起來都恢復正常了。」診間裡，醫師拿著護理人員量測的報告，笑呵呵地對大寶道喜。

「就怕這是蜜月期而已。」妹妹潑了點冷水，但其實不無道理。

「我知道，我也會去看醫生好嗎？」坐在妹妹旁邊的母親，看起來有點無奈地將頭轉向她說話不留情的小女兒。母親的另一隻手則牽著大寶。

是的，大寶不再坐在媽媽和妹妹中間了。

我的解讀是，大寶正學習將原本承擔在自己身上的守護關係的壓力，還回去給那些該承擔的人。

不再當傳聲筒之後，直到我結束那個單位的工作前，大寶不曾再發生過暴食症狀。

EPILOGUE

後記

進行家庭會談前，這個家庭不只大寶生病，媽媽養的八隻狗，也全被診斷為憂鬱症。自從大寶就醫，開始學習不再承擔那麼多責任之後，媽媽去看了醫生，並且參加醫院的戒酒團體。雖然妹妹最後還是沒有搬回家，但這八隻狗都逐漸脫離憂鬱的症狀。

影像故事
IMAGE STORY

失控與掌握

致・那些
撫慰人心的角落

人生是一條
無法避免的曲折路。

有失控，有傷痛，

還有更多時候可能是看不見盡頭的荒蕪。

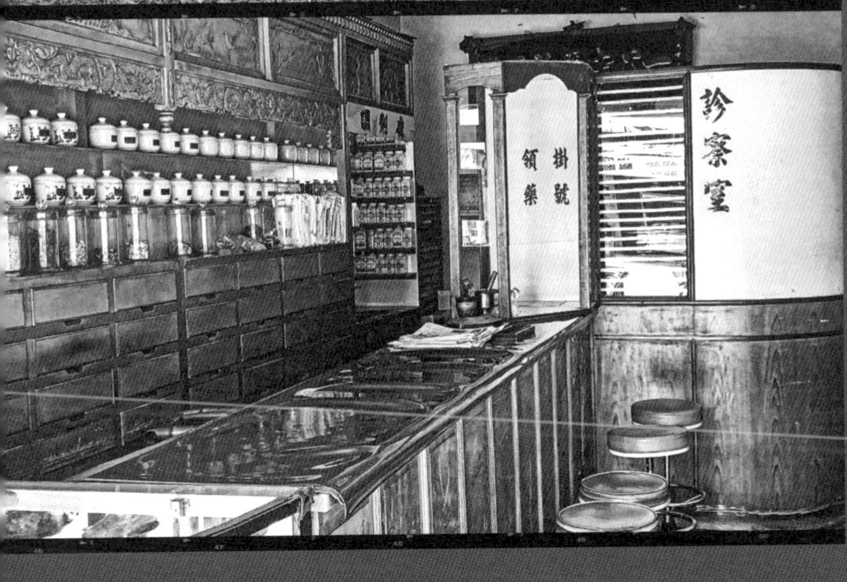
掛號
領藥
診察室

RAPPEL
MACHIN
DU MOULIN
UGE
CONCE
MOU

能走下去的人，大多是因為愛。

對某些事物的愛，對某些人的關懷。

也許失控的感覺

無法如己所願般根除。

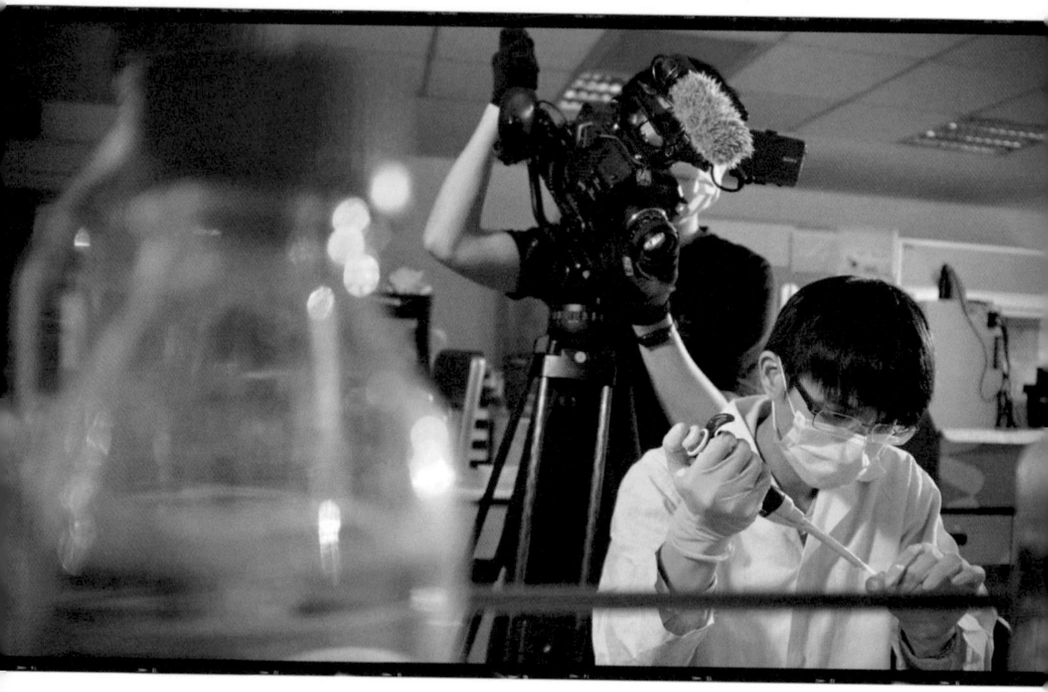

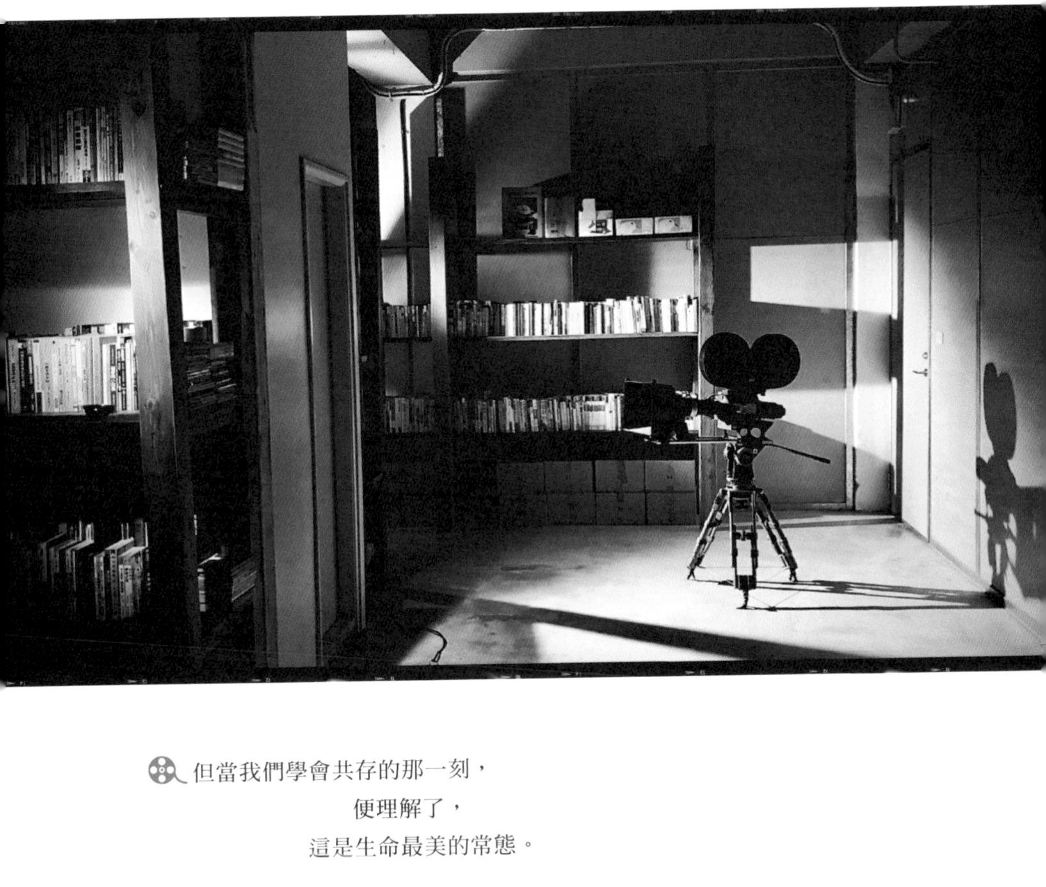

但當我們學會共存的那一刻，

便理解了，

這是生命最美的常態。

你的以為都不是以為

我的以為可能都不是以為。

我以為爺爺最喜歡吃的食物是紅蘿蔔，我也以為過世的奶奶最喜歡吃完嘴巴會臭得要命的大蒜；我以為爸爸丟下我一個人，和別人一起生活，是因為他有了新情人、新兒子，我不再是他的唯一；我也以為媽媽當時離開我，是因為不願意承受年幼的我需要執行一場大手術，那會失去她對原本婚姻家庭的美好想像，我甚至以為她不願意承擔照顧我的責任。

但真的是這樣嗎？

爺爺喜歡吃的紅蘿蔔，其實是因為我不喜歡，所以每次他都會先揀出來放進自己碗裡；奶奶喜歡的大蒜，也是因為我不喜歡那個味道而進了她碗裡。爸爸讓我一個人生活，是因為他對我有許多虧欠，覺得沒有給我完整的家庭，即使被誤會也願意滿足我的要求。媽媽離開我，可能只是因為她沒有勇氣面對躺在手術檯上千瘡百孔的幼小身軀，也可能承受不住長輩對她的責難，認為她沒有在懷孕期間把身體照顧好，才會生出心臟不健全的孩子，也許當時的恐懼和膽怯，正籠罩著她的全世界。

事實上，我確實已經得到很多很多愛了。這些愛只是透過不同方式給了我：那些留下的傷痕，那個小心翼翼的心情，那種一碰就碎的緊張……。他們都以為，那些愛需要很迂迴才夠愛，那些愛需要多絢爛才叫愛，即使我們需要的，也許只是一個擁抱、一句認同、一張笑臉而已。

或許愛的表達，用最簡單的方式就能讓人感受到；而他們只是還找不到最簡單的方法愛你，摸不著那條最快、最平順抵達你內心的道路。他們總需要花點時間，試試看其他崎嶇的路，也總是在那個黑暗森林中找尋你，那是因為他們也曾經在那兒被找到。你只需要待在陽光照得到的地方等待，不必驚慌，不要害怕，讓他們循著影子就能看見你，然後你只要輕輕回應、慢慢靠近他們就好。

曾聽過一個故事，有個老爺爺每次吃飯的時候，只要有雞翅膀，一定留給心愛的妻子；老奶奶則是每次看到雞腿，也一定會留給老爺爺吃。他們是一對結婚超過一甲子的老夫妻，外人看來如此恩愛的行為已經持續近乎一輩子的時間。有一天，老爺爺看到老奶奶又把雞腿夾給他，突然皺起眉頭，面有難色地對老奶奶說：「老伴，你以後可不可以不要再把雞腿給我了？」

原來老爺爺一點都不喜歡吃雞腿，是老奶奶把自己最愛吃的雞腿主動留給他。將自己最喜愛的留給最愛的人，這有不對嗎？沒有，只不過那並不是老爺爺的喜好。相反地，老爺爺也總是把自己喜歡吃的雞翅留給老奶奶。因為愛著彼此，深怕傷害到對方，而沒有將真心說出口。

他們用自己的方式愛著對方，用戰戰兢兢、小心翼翼的方式彼此相愛。

也許我的人生也是如此。但當我逐漸長大，理解到某些錯誤的對待其實也是愛，並且願意相信它的時候，對於自己曾經走過的曲折複雜的路，突然便能釋然了。

驀然回首，或許愛早就贏了！

一個更好的自己，

便是心中有所信念、有所愛的自己。

後記

從空心到實心：少了真實，你所擁有的一切都是虛名

許皓宜

二〇二〇年初，一場新冠疫情打亂了世界的步調，也打亂了許多人的生活步調。

那年，我還在努力從心理學領域轉換跑道，和幾位志同道合的朋友一起籌拍人生第一部電影，拿到文化部輔導金。然而，當那陌生病毒在人間迅速散播，人類的行為活動彷彿瞬間凝結了；人心和環境的變動，也讓我們臨門一腳就可踏進的夢想，按下了停止鍵。

當挫折來襲、世界被動地靜止，我們看見的不再是企圖、不再是野心，也

不再是慾望；我們體會到的是人生的無常與脆弱，以及包裹在其中的那個真實的自己。

真我，一個被許多大人遺忘的存在

真實的自我，是一種什麼樣的存在呢？

引用心理學家溫尼考特（Donald Woods Winnicott）的說法，那是一種在沒有任何外力介入下，我們順應內心本性所發出的一種行為狀態。

比如，一個剛滿週歲的孩子，舉著方在學步的雙腿，睜著好奇的眼睛巡視四面八方；眼前一片五彩繽紛吸引了他，他咿呀咿呀地靠近那件物體，迫不及待握住物體的一部分並且好奇地耍弄它。

哎呀，一個圓蓋狀的柱體從物體身上脫落，露出其中赤裸的鮮紅，頂著透亮的筆尖向外張牙舞爪。

孩子的嘴型往外伸張成驚訝的O型，本能地拿著筆尖到處戳戳點點……

「寶寶，這是彩色筆。」媽媽溫柔的嗓音在孩子身後響起，順勢將一旁的白紙推近孩子。

孩子領悟似地，抓著筆尖毫不留情在紙上塗鴉，他圓圓的嘴型向外擴張成微笑的弧度，眼神裡透出發現新事物的晶亮。

一個顏色，換過一個顏色……

媽媽則如充滿默契的夥伴，在白紙被顏色佔滿時，露出嶄新雪白的一頁。

孩子於是繼續一個顏色，換過一個顏色……直至滿足。所以孩子放下了這個塗鴉遊戲。

他內心的真實因這段無意間發生的小事而獲得滋養，彷彿自己成就了一件了不起的大事。

「真我」得以冒出一點點頭來，鑽進孩子逐漸養成的性格裡，讓他覺得自己真正地活著。

假我，為了生存只好如此

假我，相對於真實自我的虛假自我，又是一種什麼樣的存在？

我們再回到上述的情境。

如果孩子拿起筆尖到處戳弄時，照顧者在旁邊的反應是：

「哎呀，不要這樣。」

「你看看，你弄到自己的臉了。」

「不可以！」

孩子內心浮現出來的真實本性遇見阻撓。

有些孩子會搏鬥，直至對方妥協；有些則發現這行為不討喜，而放棄對內心本能的順應。

然後他們發現這樣做也不對，那樣做好像也不行，最後只好聽從大人的指示。

比如「乖乖坐好」、「把腳放好」。

為了生存只得聽話，「假我」於是生長出來，蓋住了「真我」。

還有另一種過度介入的情況。

我們一樣回到那個塗鴉的情境裡，孩子可能順利完成了塗鴉，正感到內心無比滿足，「真我」要冒出頭之際，身旁的照顧者卻先聲奪人：

「我的天啊！我的寶貝怎麼畫得這麼好呀！」

「我的寶貝簡直是未來的畢卡索啊！」

望著比自己還熱切的大人的臉，孩子卻困惑了：「咦？所以我是真的開心？還是因為他們開心所以我開心？」

本能滿足的方向突然產生紊亂，讓孩子弄不清滿足感的來源；原本正要冒出頭的「真我」，只好卡在半路上繼續觀望。

過猶不及，過度干預往往不一定伴隨嚴厲而發生。

當大人的焦點過度放在自己的喜怒哀樂上，就很難看見孩子真實的情感，並且以一種偶爾退半步、偶爾進半步的「恰好的姿態」，成為孩子探索世界的合作夥伴。

說真的，這種「剛好的哲學」很難。

即便學習心理學多年，我依然覺得自己像個初學者般地摸索學習。更何況是，從前未曾經歷心理學滋養的我們的父母？

所以一代接著一代地，我們過著縱然年歲增長，真實自我卻一片片從心靈深處被剝落分解的日子。

教育和教養似乎讓我們懂得了更多知識，卻讓我們失落了接觸真實心靈、理解自我的能力。

我們可能陷入一種「空心」的狀態，卻不自知。

過度使用面具面對生活，便無法適應一事無成的自己。

這背後的原因是：

少了真實的自我，我們所擁有的一切僅是枉然。

被壓抑的真我，去哪裡了？

用「空心」來形容這種虛無的現象，是因為從事心理學工作多年，我依然不太喜歡用「病」來形容發生在人類心靈世界的現象。我認為與其稱「病」，倒不如說每個人或多或少都有一些「症頭」：有的人脾氣大一點，有的人勇敢少一點。

空心人也是如此。

有些人習慣把自己隱藏起來的程度高一點，或是對自己能夠覺察的程度少一點；於是連自己都不清楚的秘密多了點，自我篤定的感覺少了點。

偶爾天氣轉涼的時候，會莫名有種舉步維艱的感覺，彷彿不想見到外面的人、參與這個世界的虛偽，但又為自己無法不在乎別人而感到沮喪。

這是一種失去活力和創造力的狀態：「空心」的狀態。也是被假我佔據後、與真我逐漸脫離的狀態。

我們使用更多大腦和心智功能去應對生活，卻忽略了心靈與本能。我們可能擁有某些被社會價值所認可的成功，卻無法實實在在地從情感上體驗到喜悅平靜的暖流。

借用溫尼考特的說法，我們可以這樣理解「空心人」的三種層次：

第一層，還算健康的程度。我們內在仍有容許真我存在的空間，雖然有時為生活感到疲累，卻還能對未來懷抱期待，希望某天能過上自己喜愛的生活。

第二層，假我和真我區分成兩個相互對立的世界。我們有一副人前的臉孔，和一套隱藏在人後的秘密生活；比如有些人白天是個一絲不苟的上班族，夜裡卻離不開酒店的狂歡。

第三層，假我侵蝕了真我存在的空間，甚至偽裝成真我而存在。此時的我們形同披上盔甲將自己武裝起來，卻不見得能夠自知；踏入親密關係時，這種虛假自我卻容易崩解，讓我們驚覺內心的空洞、不安與恐慌。

於是，總有那麼一天，我們得去面對虛假的生命，把那些曾經失落的真實，一片片地拼湊回來。

然後，總有那麼一天，當我們仰頭望見太陽，不只會因為天氣正好而感到愉悅，還會聽見風的聲音、鳥在歌唱，為樹葉緩緩落下而感動，讚嘆枝頭上發出了新枝椏。

我們不再只關注「值得高興」的事，因為我們明白了，活著本身就是美好。

恭喜你，脫離了空心的狀態，成為一個真實的人。

期待這書裡的每一個故事，能提醒每個正在閱讀的你，開啟這段旅程。

所有真實的虛構的和改編的，
都是珍貴的回憶。

國家圖書館出版品預行編目 (CIP) 資料

空心人：擁抱渴望被愛的靈魂 / 許皓宜、凌柏瑋著 .
-- 初版 . -- 臺北市：遠流出版事業股份有限公司 ,
2022.06
面；　公分 . --（綠蠹魚叢書；YLNB29）
ISBN 978-957-32-9581-5（平裝）
1.CST：人生哲學　2.CST：自我實現

191.9　　111006741

空心人
擁抱渴望被愛的靈魂

作者——許皓宜、凌柏瑋
攝影——凌柏瑋

副總編輯——鄭祥琳
美術設計——王瓊瑤
行銷企劃——鍾曼靈
出版一部總編輯暨總監——王明雪

發行人——王榮文
出版發行——遠流出版事業股份有限公司
地址——104005 台北市中山北路一段 11 號 13 樓
電話——(02)2571-0297
傳真——(02)2571-0197
郵撥——0189456-1
著作權顧問——蕭雄淋律師
2022 年 6 月 1 日 初版一刷

定價——新台幣 390 元
（缺頁或破損的書，請寄回更換）

ISBN —— 978-957-32-9581-5

遠流博識網 http://www.ylib.com
E-mail: ylib@ylib.com
遠流粉絲團 https://www.facebook.com/ylibfans